スパイスハンターの世界カレー紀行

まえがき

世界はカレイドスコープのようだ。覗く度に狂おしいまでに姿を変え、同じ景色は二度と現れない。一方、僕が旅路に携えるのは「カレーノスコープ」というやつである。筒の先には「カレー」というフィルターがついている。カレーのある場所を探して訪れる。旅先で出会うものすべてをカレーの目線で捉える。

カレーはつかみどころがない。僕は、「作り手がカレーだと言えばカレー、食べ手がカレーだと思えばカレー」と捉えている。一定のバランスで配合されたスパイスが生み出す香りがその正体を握っている。だから時にはスコープの先を「スパイス」というフィルターに付け替えることもある。いずれにしても世界は常に刺激的な顔を見せてくれる。観光を目的にするわけじゃないからペルーに行ってもマチュピチュを訪れるわけでもなく、四川に行ったからといってパンダに会いたいわけでもないが、市場には僕だけのモン・サン・ミシェルがあり、街角の屋台には僕だけのサグラダ・ファミリアがそびえたっている。素晴らしきこの世界は、カレーやスパイスで溢れているからだ。

なんとしてでも心の中に刻み込んでおきたい一心で、旅先では柄にもなく毎日欠かさず日記を書き、感銘を受けた料理はレシピに起こす。何しろ僕は忘れっぽい人間だから、文字だけでは心もとない。記録写真家ジンケ・ブレッソンと名乗り、写真も精力的に撮ってきた。本書で、誰も知らない「カレーノセカイ」をお届けしてみたいと思う。

それでは一緒に旅に出かけよう。

水野仁輔

※旅先で印象に残った料理の作り方をレシピ化してご紹介しています。分量について記載のないものは、作りやすい量と捉えてください。参照できる写真がある料理は、ページ数を書き入れています。

もくじ

第4章 カレーをめぐる旅

第5章 スパイスをめぐる旅

第1章

インド料理をめぐる旅

―インド―

真髄に次ぐ真髄をこの国で
～多種のスパイスを多様に大量に～

食をめぐる旅の始まりは、インドだった。学生時代、「インドに行ったこともないくせにカレー好きとか言ってんの？」と仲間に茶化され、「なるほど、そういうものか」と飛行機に乗った。意識が低かったせいか、旅先での料理はあまり記憶していない。思い出に残るのはコルカタで食べたチキンカレーに絆創膏が入っていて辟易したことくらい。いつからか僕はインド料理にどっぷりとハマり、10年以上、毎年インドへ通うことになった。僕がインドを訪れる理由は、そこにカレーのルーツがあり、同時にヒントも潜んでいるからだ。現地を巡り、探求することで、「カレーとはなにか？」という自問に自答する。自分の作るカレーの進化もインド現地での体験と切り離せない。

インドで自分探しをする向きもあるというけれど、僕が探すのは常にカレーであり、スパイスである。魔術のように繰り出される香りたちに誘われ、現地を彷徨う快感は手放せない。だからいつもテーマを掲げては旅を続けている。ある年は現地でターリー★を

★ワンプレートに様々な料理が盛り合され、手で混ぜながら食べるインドの典型的な定食の総称。

作り、またある年はヤギを追いかけ、乳を搾り、魚を釣る。稲刈りや茶摘みをし、窯を造り、苔を探した。漬け物を食べつくしたり、煮込みの真髄に迫ったりした。

　ヒツジとヤギの違いについて真面目に考えたのは、インドのマトン料理を探りに行ったときだった。あるとき、ふと「インドのマトン料理はヤギの肉を使うことが多そうだな」と思った。ヒツジかヤギか。見分ける最良の方法は、尻尾を見ればいい。ヒツジの尻尾は地に向かってだらんと下がっているのに対し、ヤギの尻尾は空に向かってピンと立っている。ヒツジとヤギのイラストを手にデリーへ向かった。

　街の南にあるＩＮＡマーケットへ。ずんずん奥へと進んでいくと、ピンと張り詰めたような緊張感が漂う。ズラリと並ぶのは肉屋。片っ端からヒツジとヤギの絵を見せながら確認していくとほとんどがヤギ肉専門店だった。旅はいきなり核心に迫ってしまった。★★

　肉屋には内臓も睾丸もヤギの何もかもが勢ぞろい。目が釘付けになったのは、首を切り落とされたヤギの頭だ。店番の少年と目が合った。なんと彼が手に握りしめたバーナーの炎はヤギの頭に向けられ、毛をボーボーと音を立てて焼いていたのである。頭は

★★
インドにおけるヒツジ肉とヤギ肉の消費比率はわからない。僕が旅先で確かめられた範囲ではヤギが多かった。

MAHATMA JYOTIBA
MARKET
NOTICE
PLEASE DO NOT
SMOKING PROHIBITED
DOG ARE NOT
IN THE MARKET
VISITORS ARE
TO EMPLOY PORTORS
NOMBERED MARKET

スープにする、脳みそはカレーや料理になる。余すところは何もない。ヤギを食べるとはそういうことなんだ、と少年に諭されたようで、僕は打ちのめされてしまった。

市場を出た。食欲はなかったはずなのにレストランに入る。ヤケになっていたのか、マトンの挽肉を丸鶏のお腹に詰め込んで焼くという豪快な料理にむしゃぶりついた。店員をつかまえ、「この挽肉はヤギ？　ヒツジ？」と聞くと「ヤギだ」と言う。すかさず2枚のイラストを差し出すと、店員は嬉しそうにヤギの絵を手に持った。


デリーから車に乗って10時間、ラクナウ★へ向かった。この街はオールドデリーに次いでムスリム食文化の名残をハッキリと残していて、マトン料理のおいしさには定評がある。地元民が通う絶品カバブ専門店を見つけて嬉々とし、老舗の名店を訪れて名物のマトンコルマをたらふく食べた。それから胃を休める暇もなく今度はパンジャーブ州アムリットサルへ飛んだ。我ながら忙しい。夜の屋台でマトンを食べたいと思ったのだ。

街灯もポツポツとしかない薄暗い道を行くと、肉料理を扱う屋台街が現れる。ドライバーの案内がなかったら怖くて近寄れない、怪しげなエリアだ。通称「ミートショップ」

★当時持ち歩いていたガイド『ロンリープラネット』の食特集版にも情報に乏しい街だが、巨大な都市である。

と呼ばれる肉料理専門店は夜にだけオープンするという。近くには闇の酒屋がある。まるで不良の溜まり場。どことなく後ろめたい気持ちでうろついた。

店を決めて入る。目当てはブレインマサラ（脳みそのカレー）。店員が店の一番奥にある小ぶりの冷蔵ケースから、ずっしりと重そうなビニール袋を取り出した。ヤギの脳みそである。白々しい蛍光灯のもと、謎の生命体のように艶やかだ。ブレインマサラはうまいが箸は進まない。★★ ヤギを食べつくそうとするインド人の執念に頭が下がる思いだった。

そういえば、タンドールというインドの窯をテーマにラジャスターンを旅したこともあった。子ヤギをまるごと1頭買い、★★★ ハラールの作法に倣って解体してもらった。男は小声で祈りを捧げ、手際よく子ヤギを処理。一部始終を目に焼き付けた。

ラクダに乗って砂漠地帯へ行った。スパイスでマリネした子ヤギの肉をチャパティという薄いパンで巻き、バナナの葉でグルグル巻きにして炭火とともに地中に埋めた。数時間後、地面を掘り起こすとホロホロになった肉が現れた。原始的なタンドール料理の体験である。そんなツアーが現地にあったわけではない。自らリクエストをし、砂漠地帯の料理人たちの助けを借り、かつて作られていた料理の再現をしてみたかったのだ。

★★
かつて中国の福州で犬肉の鍋を食べたことがあるが、あのときも似たような感覚だった。

★★★
生きているヤギの群れから「どれを買うか選べ」と言われ、おおいに動揺したことを思い出す。

3rd February
9PM
AIMIM
Eid Mubarak
ORIENTAL INSURANCE
BIBLE BOOK SHOP
PRINCE ELECTRICALS
uninor
Coca-Cola
PRINCE BAKERS
CALVARY CHRISTIN
LITERATURE CENTRE

MOHINI MOHAN
KANJILAL
COLLEGE STEET

いつになく達成感が強かったからか、あの夜は特別に星が瞬いて見えたっけ。

肉を逞しく食する一方で菜食もメジャーなのがインド。インドのベジタリアンは、特殊な事情の下に存在している。カースト制度やヒンズー教★などの影響で菜食主義が重んじられる一方で、貧困により肉や魚を食べる機会に巡り合えない人もどれだけいることだろう。殺生を避けるジャイナ教徒は、にんにくや玉ねぎなどの根菜類にさえ手を出さない。とはいえ乳製品については例外のようで、街角ではチャイが飲まれ、パニール（チーズ）が売られているし、料理のベースにダヒ（ヨーグルト）が大活躍している。乳製品は存分に親しまれているのだ。さらに面白いことに、インドで最もベジタリアン人口比率の高いグジャラート州は、同時にインド随一の乳製品消費量を誇っている。

僕はムンバイを経由して電車に乗り、グジャラート州のスラトに到着した。インドには幸せな生き方の象徴として、「スラトで食べ、ガンジスで死ぬ」という言葉があるという。スラトは「食の都」と呼ばれている。菜食主義者の多い食の都で乳製品を探る。この矛盾するかのように見える旅が成立するのはインド料理の懐の深さによるものだ。

★何度インドを訪れても、これらについて正しく理解をするのは至難の業だ。

一般家庭を訪問し、どんなアイテムが使われているのかを調査した。最初に目にしたのは、手作りのダヒとマライ（生クリーム）だった。レンガ色をした壺には手のひら大の口があって中をのぞくと白くとろりとしたマライが入っている。これを使ってマッカン（バター）とギー（精製バター）を作るそうだ。頭の中でモヤモヤとしていたインドの乳製品の全体像が、霧が晴れたように明快になっていった。

家を出ると路上でミルクの量り売りをしているのが見えた。大きな銀色のミルク缶が並び、2人の男性がせわしなく動いている。地元の人たちが次々と空のミルク缶を抱えて現れ、集う。まだ柔らかいオレンジ色の陽射しに純白のミルクが照らし出されていた。

スラトでは、ミルク屋があちこちの街角に現れる。聞けば彼らは水牛のミルクを売っているのだという。インドの乳製品の原材料として、「牛43％、水牛54％」というDATA★★を見たことがある。僕は、水牛の乳しぼりをしてみたくなった。

スラトを出て、アナンドに向かう。アムールというインド最大の乳製品メーカーを訪ねて取材し、翌朝4時に起き、乳搾りに出かけた。開放感のある大きな牛舎に牛が勢ぞ

★★ほかにヤギの乳、ラクダの乳なども比率は少ないが利用されているようだ。

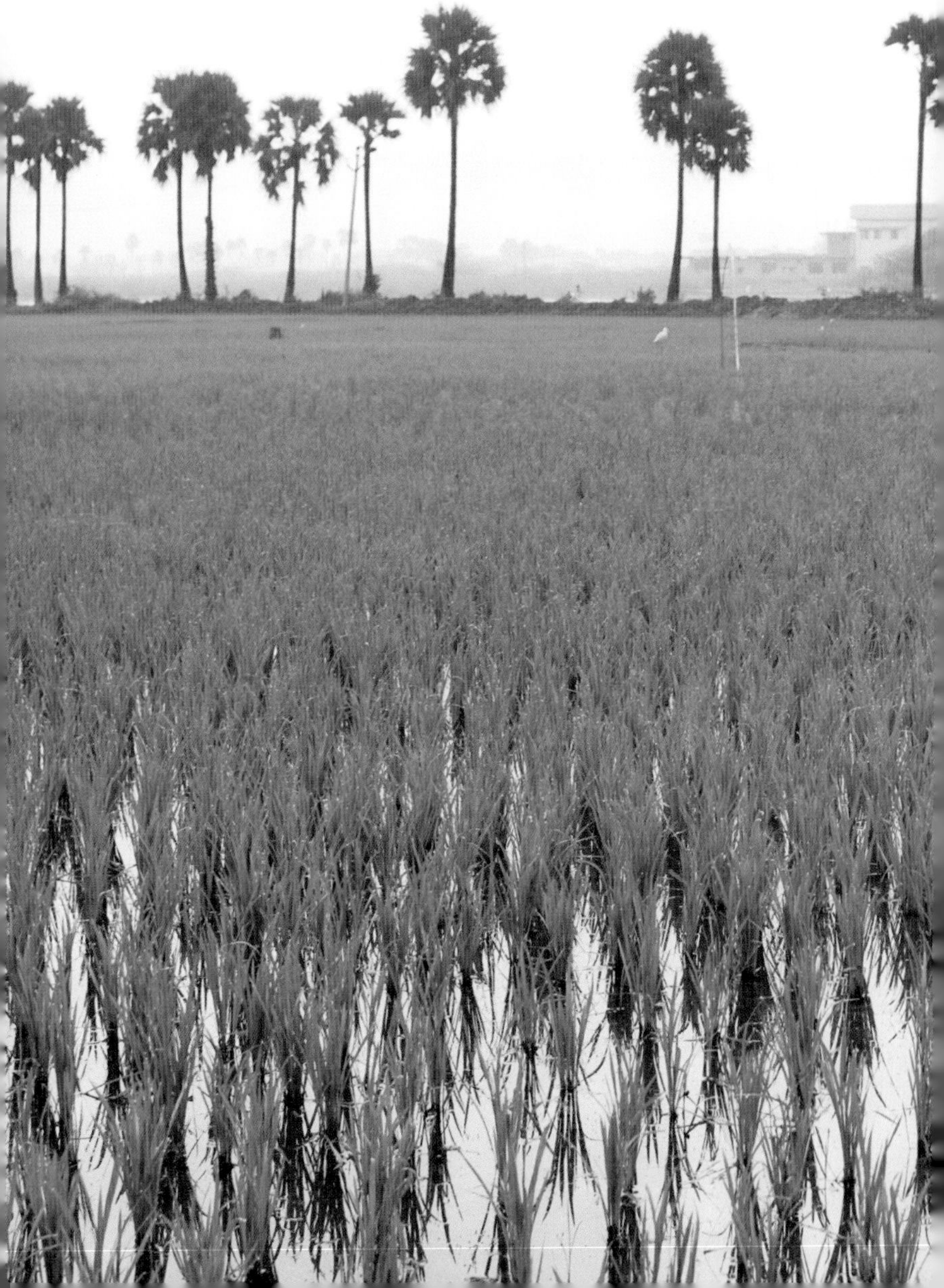

INDIA | *Tandoori Chicken*

タンドーリチキンでようこそ

インドに到着した夜は、必ずタンドーリチキンとビールで乾杯。
インドが気分よく出迎えてくれる。

材料

鶏肉(丸鶏) …… 2kg

● **下味**
- にんにく(すりおろし) …… 2片
- しょうが(すりおろし) …… 2片
- 塩 …… 小さじ1/2
- レッドチリパウダー …… 小さじ1/2
- レモン汁 …… 1/2個分

● **マリネ液**
- プレーンヨーグルト …… 200g
- レモン汁 …… 1/2個分
- トマトペースト(6倍濃縮) …… 大さじ2
- 塩 …… 小さじ2
- マスタード油 …… 大さじ2

● **パウダースパイス**
- ローストクミン …… 小さじ2
- ローストコリアンダー …… 小さじ2
- レッドチリ …… 小さじ2
- ターメリック …… 小さじ1
- ガラムマサラ …… 小さじ1

チャットマサラ …… 小さじ1

下準備

・丸鶏は皮をむいてガラを取り除き、大きくぶつ切りにしておく。

作り方

1. 下味の材料を鶏肉にもみ込んで、1時間ほどおく。マリネの材料とパウダースパイスをよく混ぜ、鶏肉にもみ込んで、冷蔵庫で48時間マリネする。
2. シークに刺し、タンドールに入れて10分ほど焼く。一度取り出して2～3分ほど外に置き、再びタンドールに入れて仕上げに3～5分程焼く。オーブンの場合、250度に加熱したオーブンで15分から20分ほど焼く。
3. 器に盛り、チャットマサラを振りかける。

INDIA | ***Butter Chicken***

すべてはバターチキンから始まった

生まれて初めてのバターチキンはなぜかチーズの風味がした。
その秘密がトマトにあることを突き止めた。

材料

ギー	50g
● **ホールスパイス**	
シナモン	1/2本
クローブ	6粒
グリーンカルダモン	4粒
ビッグカルダモン	1個
にんにく(みじん切り)	1片
しょうが(千切り)	2片
ホールトマト	400g
タンドーリチキン	4人分(※前レシピ参照)
はちみつ	小さじ2
塩	小さじ1/2
水	100ml
生クリーム	200ml
カスリメティ	ふたつかみ

作り方

1 鍋にギーとホールスパイスを入れて中火で熱し、炒める。
2 にんにくとしょうがを加えてさっと炒める。
3 ホールトマトを手でつぶしながら加え、ざっと混ぜ合わせてふたをして中火で20分ほど煮詰める。ふたを開けて火を強め、さらに10分以上、徹底的に煮詰める。最初の量から1/5以下になるくらいまで。できることならペタペタのペースト状になるまで。
4 タンドーリチキンとはちみつ、塩を加えて炒め合わせる。
5 水を注いで煮立て、生クリームとカスリメティを加えてさっと煮る。

Mango

టీ, టిఫిన్

MAHARAJA

0.000

ろいし、奥の薄暗いスペースには水牛が鎖でつながれていた。7〜8人のスタッフが動き回り、乳搾りを始めていた。「やってみたい」という思いが態度に出ていたのか、スタッフの1人が無表情のまま軽く首をクイッと傾けた。「どうぞ」のジェスチャー★だ。見よう見まねでトライしてみると、シャーシャーシャーと音を立てて乳が出た。感触は想像と全く別物だった。手で握った感じが硬いのだ。予想以上にゴワゴワしていて、使い古した自転車のタイヤを取り換えるときのようだった。スタッフが横に座って、お手本を見せてくれた。左右の手をテンポよくギューッギューッと下に引っ張る。するとジャーッジャーッジャーッと信じられないくらい大きな音を立て、大量の乳が出た。まるでジムで筋トレをしているかのように左右の手はリズミカルに上下を繰り返している。

牛のミルクに比べると水牛のミルクは味が濃厚で香りのクセも強い。不思議な飲み心地だった。それで腑に落ちたことがある。5つ星ホテルのレストランを取材したときのことだ。ミルクの使い分けについて「パニールには牛のミルク、ダヒには水牛のミルクを使う」と聞いた。風味の適性を見極めて原材料を選ぶ。きめ細やかな仕込みに感服する。

さっきから僕の脇を牧場の女性たちが行き交っている。彼女たちは、大きなたらいを

★インドでよく見る。「ノー」のような動きで「イエス」を意味する。

まだぬくもりのある牛糞でいっぱいにして、頭の上に乗せて器用に運んでいた。畑の肥料にも火を起こす燃料にもなる。牛糞はインドの生活と切っても切り離せない存在だ。

旅での体験の断片をパッチワークのように継ぎはぎしてみると、インドの食生活を貫く一本の道が見えてくる。村の牧場で搾られた乳は、集配所を通じて工場に送られ、殺菌され、街角で売られる。自宅ではミルクからあらゆる乳製品が手作りされる。

旅の終わりにスイーツが有名なコルカタに飛んだ。乳製品を使った甘いお菓子の数々★★を口にしながら、ある情景を思い出していた。スラトからアナンドへ、高速道路沿いの陸橋を渡る道中でふいに目の前に現れた。青々と生い茂る木々以外に視線を妨げるものはない。遥か彼方まで伸びる蛇行した一本道を一人の女性が牛の群れを連れて歩いている。インド料理を想うときのために、心に刻んでおきたい一場面だと思った。

旅のキッカケはひょんなことから生まれることも。ベンガル地方へ川魚料理を探求しに行ったとき、コルカタからバングラデシュへ向かう車窓から水田地帯を眺めた。あのときに思ったのだ。水田に入ってみたい、稲刈りをしに行こう、と。インドの主食は、

★★ スイーツ専門店で売られる全メニューを注文し、撮影して食べた。

ざっくり言ってしまえば北と西が小麦粉で作るパン類、南と東が米である。すなわち南インドでは米がよくとれ、親しまれている。行き先はハイデラバードに決めた。

最初に出かけたレストランで、ビリヤニ★の大量調理を目の当たりにする幸運に恵まれた。店の隣りにある石造りの掘立小屋が調理場だった。壁には不規則に穴が空いていて、そこから煙や蒸気を外に逃す仕組みになっている。中に入ると薄暗い。小さな窓や煙穴から差し込む光とボーボーと燃える薪から上がる炎が照明がわりである。巨大な土釜が3つ。一つの鍋で米がぼこぼこと音を立てて煮え、他のふたつの鍋でマリネされた★★マトンがごろごろとしていた。料理長が長くて巨大な穴あきお玉で米を掬い上げ、そのままさっと180度体を反転させてマリネの鍋に米を投げ入れ始めた。

えっ⁉ 生肉の上に熱々に煮た米を振りかけるなんて。鍋のふちに水けを含ませグルグルと綱状にまいた布を均等に装着し、ふたをした。重たそうな鍋をふたりがかりでよいしょと土釜の上に乗せ、強火で一気に火を入れる。オレンジ色の炎は鍋底からはみ出んばかりに踊っている。間もなく鍋は隣りの土釜に移された。今度は打って変わって、細い火がちらちら。熱々の木炭がシャベルで鍋の周囲やふたの上をめがけてざらざらと

★
最近、日本でも注目されているスパイス炊き込みご飯。

★★
マリネする手法を「カッチ」、カレーを作ってから米をかぶせる手法を「パッキ」と呼ぶ。

かけられる。作業が終わると料理長は、少し表情を緩めた。大胆かつシンプルなクッキングである。密閉して圧力をかけるこの調理法は、「ダム」と呼ばれている。できあがったビリヤニは軽やかで滋味深い。興奮したせいなのか、しばらく顔がほてっていた。

★★★

さて、次は稲刈りだ。ハイデラバードの市内から郊外へ向かって伸びるハイウェイは予想以上に整然としている。朝の5時過ぎ、車は前を走るトラックをジグザグに追い越しながら快調に水田地帯へ。7〜8時間は走っただろうか。遠くの田んぼに目をやると、色とりどりの作業着を着た20人ほどの女性たちが腰をかがめている。

きれいだなぁ。インドの田植えを初めて間近で見た第一印象である。女性たちの着る服が濁った田んぼの中で一層映えている。稲の束を手に自分の目の前5か所ほどに稲を植えては一歩下がり、また植えては一歩下がるを繰り返す。20人ほどが一斉にやるのだから壮観。彼女たちの姿が徐々に小さくなるにつれ、明るい黄緑色の稲が増えていく。陽に照らされて輝き、神々しく見えた。仕事を終えた彼女たちは、勇者が行進するように、あぜ道を一列になって戻ってくる。拍手を送りたくなった。

★★★
インドではエリアごとに何種類もの米が使われるが、長粒米がメジャー。

0.000
REAL

許可をもらって裸足になり、田んぼに入る。女性たちから歓声が上がった。見よう見まねで作業を進めたが、まもなく僕は列から遅れた。彼女たちの田植えのスピードの速いことと言ったら。給食を食べるのが遅い生徒のように田んぼの中央にポツンと取り残された。インドの稲作は二毛作や三毛作である。車に乗り、さらに2時間ほど南へ走り続けていると、突如として稲穂がたわわに揺れる田んぼが出現した。まるで、こっちへおいで、こっちへおいでと僕をいざなっているかのようだ。右手に鎌を握りしめ、左手で稲の根元をつかんで刈る。3束くらい連続して刈ったら稲の山めがけて投げる。田植えと違って拍子抜けするほど簡単な作業だった。インドの主食を担うアイテムと戯れた貴重な体験だった。

振り返ればどの旅もマニアックだが、何千年もの歴史とともにあるこの国の食文化の立派な一側面である。世界で最も多種のスパイスを多様に大量に使いこなすインド料理は、好奇心を休ませてはくれないのだ。インド料理とはなんなのか、僕にはまだ到底わからない。簡単にわかってなるものか、と思う。次の旅のテーマは決まっている。豆だ。[★]豆はインド料理の真髄だと思う。この国の料理は真髄ばかりで困ってしまう。

★豆を入り口にインドのベジタリアン料理について探求してみたい。

| INDIA | *Alleppey Fish Curry* → P.033

追憶のアレッピーフィッシュカレー

忘れられない味は再現しようなどとしてはならない。
わかっている。わかってはいるつもりだけれどね。

材料

油	50g
にんにく(みじん切り)	1片
しょうが(みじん切り)	1片
玉ねぎ(スライス)	小1個(200g)
トマト(ざく切り)	大1個(300g)
コクムジュース(薄め)	200g
青魚(ひと口大に切る)	400g
● **パウダースパイス**	
ターメリック	小さじ1
レッドチリ	小さじ1/2
コリアンダー	小さじ2
塩	小さじ1と1/2
青マンゴー(スライス)	1/4個
ココナッツミルク	100g
ココナッツ油	50g
● ホールスパイス	
マスタードシード	小さじ1/2
フェヌグリークシード	少々
レッドチリ	2本
カレーリーフ	20枚ほど

下準備

・青魚に塩とターメリックをもみ込んでおく。青マンゴーをペーストにして残りのパウダースパイスと混ぜ合わせ、魚にもみ込んでおく。

作り方

1 鍋に油を熱し、にんにくとしょうが、玉ねぎを加えてキツネ色になるまで炒める。
2 トマトを加えて水分を飛ばすように炒める。
3 コクムジュースを加えて煮立て、マリネした魚とココナッツミルクを加えて煮る。
4 別のフライパンにココナッツ油を熱し、カレーリーフ以外のホールスパイスを加えて炒め、マスタードがはじけてきたらカレーリーフを加えてさっと炒め、油ごと鍋に加えて混ぜ合わせる。

川魚がカレーになる瞬間
〜劇場型市場に潜む大いなる川の恵み〜

―バングラディッシュ―

バングラデシュで魚を釣る。そう決めてインドから国境を越えた。チャーターした車で8時間、首都のダッカへ。道はデコボコで、車が揺れるたびに体が宙に浮き、天井に頭をぶつけそうになる。車窓にはのどかな田園風景がゆっくりと流れていた。

ダッカ到着後、深夜発のフェリーに乗った。バングラデシュを分断するように流れるポッダ（パドマー）川の源流は、かの有名なガンジス川だ。水平線が見えるほど広大な川を下ること4時間。早朝に釣り場となる街、チャンドプールについた。

狙う魚はイリッシュというベンガル料理の最高級魚。ニシン科の魚で海に生息するが、産卵期に川を遡上する。希少価値が高く、バングラデシュで獲れるイリッシュの大半はインドのお金持ちが買い占めるという噂すらある。漁師の舟に乗せてもらった。6人の男がズラリと並び、手には網の端が握りしめられている。号令と共に一斉に網が引かれ、50尾ほどがお目見えした。腹の部分が刀のようにキラキラと銀色に輝いて美しい。

★川の西側はヒンズー系、東側がイスラム系と、同じバングラデシュ料理でも味わいの傾向が違う。

ふいに一艘の舟が近づいてきた。ガスコンロを積んだ調理用の舟だという。そう聞くなり僕は真っ先に飛び移った。舟の上ではシェフがすでにスープをグツグツとさせている。マスタード油、玉ねぎ、グリーンチリ、ターメリック、塩、水、いくつかの野菜を投入した。シェフは主役の魚を素揚げ★★してから、ホイホイと鍋に放り込んだ。ターメリックの黄色が溶け出したスープはシャバシャバで、強い火力に煽られボコボコと音を立て、大小さまざまな気泡を作っている。15分ほど後、彼はイリッシュを取り出し、「食べていいよ」と言ってポンと皿にのせてくれた。指で骨を除いて口に入れ、ホクホクと食べる。ああ、これが獲れたての味なのか。風味がよくて脂がのっている。スープは胃の隅々までしみわたっていくよう。たまらなくご飯がほしくなった。

ポッダ川に陽が落ちていく。オレンジ色を赤色に変えながら。濁った水平線の先、モヤで視界が晴れない空からじわりと姿を消していくと、ぼんやりと薄暗い明りを辺り一面に残した。インド料理とはなにか。バングラデシュ料理とはなにか。そんなことはどうでもいいのかもしれないと思った。川は国をまたいでつながっているじゃないか。

翌日はダッカ最大の市場、ジャッタラバリ・フィッシュマーケットを訪れた。数本の

★★
淡水魚独特の臭みを消すため、このエリアの魚料理は、下準備として素揚げにすることが多い。

CEMENT

太い竹筒を無造作に立て、適当に屋根をくっつけたような小さなテントが、あたり一面に無数に並んでいる。果てしなく奥までそれは続き、遠くの方は薄暗くて見えない。車のクラクションが騒ぐ表通りとは打って変わって、男たちの怒号が飛び交う。売る者の声、買う者の声、通りを歩く者の声。罵倒し合っているのかというほどの迫力だ。

狭い通りに男たちがひしめき合って我先にと行き交う。頭上には大量の魚を入れた壺。足元は水たまりだらけで、僕の靴は数分もしないうちにグチャグチャになった。売り場では桶やバットにいる魚たちがビチバチと自由に体をよじらせくねらせている。尾ひれを跳ね上げて、濁った水をあたり一面にピチャパチャとふりまいている。テントの屋根と屋根のすきまから刺すように朝日が差し込んでいた。

僕は完全に場の空気★に呑みこまれていた。この匂いと音と景色の混然一体となった空気から、いったい何を汲み取ることができたのだろうか。川の恵みに対する執着がギュウギュウに詰まり、にじみ出るような、沸き立つような、食へのひたむきな欲が渦巻いている。僕は昨日のイリッシュ料理★★を思い出していた。この先あの味を食べることはもうないのかもなぁ。感傷的な気持ちが浮かんでは消えた。

★これまで訪れた世界の市場で、ここ以上に活気を感じた場所はないかも。

★★P.41のカレー

BANGLADESH | *Ilisha Curry* → P.041

悠久の河を抱くイリッシュカレー

バングラデシュのパドマー川は広大で、大海原のよう。
漁師の舟に乗り、最高級魚と呼ばれるイリッシュを調理。

材料〈4人分〉

マスタード油(揚げ油用)	適量
● ホールスパイス	
グリーンチリ(切込みを入れる)	1本
ニゲラシード	小さじ1/2
グリーンチリ	2本
● パウダースパイス	
ターメリック	小さじ1
● マスタードペースト	
ブラウンマスタード	適量
イエローマスタード	適量
アムチュールパウダー	適量
水	適量
湯	200ml
魚(イリッシュ)	6切れ
塩	小さじ1
砂糖	ふたつまみ
香菜(みじん切り)	大さじ2

下準備

・イリッシュはウロコを取って2センチ幅の輪切りにし、ターメリックと塩(各分量外)をまぶしてからマスタード油でこんがりするまで揚げる。揚げ油は取っておく。
・マスタードペースト用の材料は石板ですりつぶしておく。
・ターメリックは大さじ1程度の水(分量外)に溶いてターメリックペーストにしておく。
・グリーンチリ(2本分)適量の水と(分量外)を合わせてグリーンチリペーストにしておく。

作り方

1 鍋に大さじ3の揚げ油を中火で熱し、ホールスパイスを加えて炒める。
2 グリーンチリペーストを加えて炒める。
3 ターメリックペーストを加えてさっと炒める。
4 マスタードペーストを加えてさっと炒める。
5 湯を注いで煮立て、2〜3分ほど煮る。
6 揚げた魚と塩を加えて強火で5分ほどグツグツと煮る。
7 砂糖と香菜を加えてさっと煮る。

モダンインディアン
〜内から外か、外から内か〜

―イギリス・ロンドン―

万華鏡は覗くたびに目まぐるしく景色を変える。伝統か革新か、郷愁か未来か、途上か先進か。打ち上げ花火だって籠の中の鳥だって、カレーだって視点が変われば別の印象を残すのだ。僕がロンドンでモダンインディアン★の洗礼を受けたのは、20年前。図書館跡地を改装した『シナモンクラブ』は荘厳な内装だった。分厚いワインリストを手に戸惑ったが、夢見心地な気分になってコース仕立ての高級インド料理を堪能した。

その10年後、僕は日本の洋食カレーのルーツを探る目的で3か月間、ロンドンに滞在した。日本に伝来したはずのブリティッシュカレー★★は一向に見つからず、モダンインディアンの斬新な料理を食べ続けた。まもなくクレジットカードは限度額を超え、2枚目を投入。そんな日々の中、憧れのシェフに取材をするチャンスがやってきた。ロンドンで20年以上活躍するアトゥールは、インド人シェフとして世界で初めてミシュランの星を獲得。インド料理の新潮流についてよどみなく語ってくれた。

★イギリス在住インド人シェフが独自に進化させた、高級料理の総称。

★★インド料理の影響を受けてイギリス人が独自に開発したカレーの総称。

彼の営む『ベナレス』の特徴は、レシピはトラディショナルでプレゼンテーションはモダン。本来のインド料理を要素分解し、新しいものを生み出そうとしている。古くは多くの藩王国★★★に分かれていたインドには国民食と呼べるものがなく、定義づけもできない。「インドをくまなく旅して学んできたが、今もなお生徒のつもりだ」と彼は言う。

インドで修業時代の師匠を招いたときのエピソードが興味深かった。目隠しをして料理を楽しんでもらったそうだ。師匠は彼の料理を食べ、「素晴らしい！ これはマライ・チキンだね！」と素早く言い当てたが、目隠しをほどくと目を丸くした。「いったいどうやったらこんな姿のものができるんだ⁉」。アトゥールのアプローチは根本的にはクラシックで揺るぎない。「だから何度でも立ち戻ることができるんだ」と胸を張る。

「モダンな料理を作るのは進歩の一つ。時に進歩は人生だと理解しなくてはならない。もしも進歩を拒むのなら、僕たちはいまだに馬に乗って移動しているはずだからね」

彼のような先進的なプレーヤーが切磋琢磨しているのがロンドンのインド料理シーンだ。レストランの扉を開けるたびに新しい装いの料理に出会える。あちこちへ夢中で通った。たとえば、『ラソイ』の料理はまるでフレンチ。シェフはアラン・デュカスの料

★★★ 18世紀、ムガル帝国衰退期のインドで勃興した土着の封建領国で、一時期は大小550以上が存在した。

NICHOLSON'S

理を見て「これをインド料理に変換できる」と思ったのかもしれない。祖母の料理を食べて「これをモダンにできる」と考えたアトゥールとは逆の発想である。「僕が内側から外側を見るのに対して、外側から内側を見るシェフもいる」とアトゥール。一方で、『シナモンクラブ』のヴィヴィク・シンは、インド料理の捉え方を独自に抽象化している。

ロンドン滞在中に気に入って何度も通った『モティ・マハール』のアロラシェフには、飛び込みで料理のプライベートレッスンを願い出た。アロラは、伝統的かつ本格的な料理をモダンに表現するという点で、アトゥールと同じスタンスを取る。

「肝心なことは、モダンインディアンはきれいで混じりけがない、良い香りであること」

インド料理のあり方はサイクル（循環）的に変化するものだ、との発言が印象的だった。インド・パンジャーブ地方の伝統的なサグ★（青菜のカレー）を習いつつ、遊び心あふれるトリュフナンをほお張るという体験ができるのは、彼独自の解釈によるものだろう。

世界中に「CURRY★★」を届けたのは、インド人でありイギリス人である。インド料理に端を発したカレー文化は、縦横無尽に飛び火し続けている。火の粉はとっくに僕の元にも届き、足元で舞い散っているのだ。消すつもりは毛頭ないけれど。

★ P53下部写真のカレー。

★★ インド人移民によるインド料理の普及と、イギリス人が開発したカレー粉の伝播が世界中にカレー料理を生み出した。

ENGLAND | *Biryani*

モダン・インディアン・ダム・ビリヤニ

ロンドン滞在3か月間に最も通ったモダンインディアンレストラン。
飛び込み取材でシェフに教わった。

材料〈10人分〉

ギー …… 100g
ラム肩肉(角切り) …… 1.5kg

● **マリネ用**
- プレーンヨーグルト …… 125g
- フライドオニオン …… 150g
- にんにく(すりおろし) …… 大さじ1
- しょうが(千切り) …… 1片
- ターメリックパウダー …… 小さじ1
- コリアンダーパウダー …… 大さじ1
- レッドチリパウダー …… 小さじ1
- ガラムマサラ …… 大さじ1
- 塩 …… 適量

バスマティ米 …… 1kg

● **ライス用**
- 植物油 …… 30ml
- グリーンカルダモン …… 4粒
- ビッグカルダモン …… 2粒
- シナモン …… 1本
- シナモンリーフ …… 3枚
- メース …… 2枚
- 塩 …… 適量

● **トッピング用**
- ケウラウォーター …… 小さじ1/2
- ミント(ちぎる) …… 小枝2～3本分
- サフラン(温水に溶く) …… 1g
- フライドオニオン …… 50g

RECIPE

作り方

ラムを準備する

1 ボウルにマリネ用の材料をすべて混ぜ、ラム肩肉を加えてよくもみ込み、ひと晩置く。
2 鍋にギーを熱し、ラム肉をマリネ液ごと加えて強火で10分ほど炒める。
3 ひたひたになるまで水(分量外)を加えて煮立て、弱火でラム肉がやわらかくなるまで1時間ほど煮る。

ライスを準備する

1 バスマティ米を洗って、30分ほど水に浸して、ざるに上げておく。
2 鍋に1,000mlの湯(分量外)とライス用の材料を加えて沸騰させ、米を加えて強火のまま7～8分ほど茹で、ざるに上げる。

ビリヤニを仕上げる

1 ラムの入った鍋に炊いたライスを敷き詰め、トッピング用の材料を散らす。
2 きっちりふたを密閉し、極弱火で20分ほど熱する。火を止めて適度に蒸す。

TWO OYSTERS
GLASS OF PROSECCO
small dishes, typically
them by ordering

ENGLAND | *Sarson ka saag*

→ P.053

サルソン・カ・サグの自由と本質

ほうれん草ではなく、からし菜がメインという本質。
ハーブ類を加えて風味を増幅させるという自由。

材料〈4人分〉

● **青菜類**

マスタードリーフ(からし菜)	6房
ほうれん草	2房
フェヌグリークリーフ	2房
ディル	1房
グリーンチリ	4本
にんにく(みじん切り)	5片
しょうが(みじん切り)	5センチ
マスタード油	大さじ3
玉ねぎ(みじん切り)	中1個
トマト(みじん切り)	4個
塩	適量
レッドチリパウダー	小さじ1
コーンスターチ	50g
ギー	大さじ2
レモン汁	1個分
ジャガリー(砂糖)	50g

作り方

1 青菜類のヘタを落とし、ざく切りにして冷水でさっと洗い、ざるに上げて水けを軽く取っておく。
2 鍋に青菜類を入れて、ひたひたになるまで水(分量外)を注ぎ、半量のグリーンチリ、にんにく、しょうがを加える。ふたをして沸騰させ、青菜類がやわらかくなるまで煮る。粗熱が取れるまで放置し、フードプロセッサーにかけて粗いピュレ状にする。
3 フライパンにマスタード油を熱し、油が温まったら残りのグリーンチリ、にんにく、しょうがを加えて黄金色に色づくまで炒める。
4 玉ねぎを加えてしんなり透明になるまで炒める。トマトを加え、塩とレッドチリパウダーを加えて、トマトが柔らかくなるまで10〜12分ほど炒める。
5 コーンスターチを加えて3〜4分、かき混ぜながら炒める。ピュレ状の青菜類とギーを加えて、中火で15分以上煮る。青菜がねっとりするまで。
6 火を弱め、レモン汁を加え、ジャガリーで味を調える。

第2章

唐辛子をめぐる旅

―ペルー―

レチェ・デ・ティグレの謎
～唐辛子の原産地で、脳内はかき回された～

木の周りを4頭のトラがぐるぐると回り、まもなく、溶けてバターになる。絵本『ちびくろ・さんぼ』の有名なシーンである。滞在中に何度か頭の中に浮かんでは消えた映像だ。それは決まって、〃ティラディート〃と呼ばれる料理を食べているときだった。

ペルーを訪れた目的は、唐辛子の原産地を訪れ、この地の食文化におけるその役割を探ることだった。唐辛子に興味を持たなかったら、ペルーを旅することはなかったかもしれない。乗り込んだ国際線★がリマの空港に着陸する寸前、突如、機内で拍手が起こった。出国してから24時間が経過し疲労困憊だったせいか、はじめは空耳かと思ったほどだ。周囲を見渡すと確かに皆手を叩いている。ペルー人の陽気な一面の表れだろうか。治安の決してよくない国を訪れることへの不安が、少しだけ和らいだ。

ペルー料理で最も有名なものは、おそらく〃セビーチェ〃だと思う。生魚の切り身に塩や唐辛子、玉ねぎ、レモンなどを漬け込んだシンプルなマリネ料理。人気のセビチェ

★日本からヒューストンでトランジットし、24時間の旅。長かった。

リア★★を訪れ、日本で食べたことのあるセビーチェの味を思い返しながら、答え合わせするように現地の味を口に運んだ。そこで出会ったのがティラディートという耳慣れない料理。想定外の味わいに心が躍った。

生魚の切り身は、とろりとして美しい黄金色のソースに包まれている。ちょっと大げさなほどビビッドな色味で、〝おめかし〟というより〝仮装〟に近い。ルックスに留まらず、なめらかな舌ざわりとコクのある味わいにも驚いた。聞けば、〝タイガーミルク（レチェ・デ・ティグレ）〟という特別なソースを使ったものだそうだ。タイガーミルク。勝手にイメージが膨らみ、まもなく『ちびくろ・さんぼ』がやってきた、というわけである。

黄金色のソースをまとった魚は、セビーチェの進化版★★★とも言えるもので、まだ新しい料理に分類される。セビーチェは、日系の移民が影響を及ぼしたとの説がある。確かに刺身をアレンジしたと解釈できなくもない。ペルーで「ニッケイ料理」といえば、主に寿司を中心としたペルー版和食のような印象で、今やすっかりペルー料理の仲間入りを果たしている。そのカテゴリーで人気を集めるレストラン『Ｍａｉｄｏ』にいたシェフに料理を習うことになった。

★★
セビーチェを専門的に提供するレストランのこと。日本で言えば、蕎麦屋、カレー屋、みたいなものか。

★★★
ティラディートのこと。メニュー名には〝Cebiche con Leche de Tigre〟とある。P60上部写真の右側にある料理。

HAY COMIDA
S/. 4.00
POLLO ASADO 4.00
CHANCHO ASADO
ESCABECHE c/ POLLO
TALLARIN c/ POLLO
CALABAZA FRITA
PICANTE c/ MENUDENCIA
POLLO BROASTER
BISTECK c/ RES
POLLO c/ PAPA
ENSALADA RUSA

シェフとはメルカド（市場）で待ち合わせた。買い物をする前に彼は場外のベンチを探し、僕を向かいに座らせて、ペルー料理についてまくしたてるようにしゃべる。せわしなく、「誰かに追われているのかな」と心配になるほどだ。

料理教室で最大の収穫だったのは、唐辛子（アヒ）★の使い方を覚えたことだ。アヒ・アマリージョ（オレンジ色の唐辛子）、アヒ・パンカ（辛さ控えめの唐辛子）、アヒ・リモ（辛味の強い唐辛子）の3種が登場。特にアヒ・アマリージョに僕は強く惹かれた。まず、なんと言っても見た目が美しく可愛らしい。唐辛子というよりパプリカのようにオレンジ色で、ピーマンのようにふっくらとしていて、軸の部分は針金のように細長くとんがっている。愛おしく、自宅のリビングに飾っておきたいくらいだ。しかも〝アマリージョ〟という名前が、なんだかおとぎの国の王女風。さらには乾燥させたら〝アヒ・ミラソル〟と名前が変わるという。なんだか素敵な物語が紡げそうな存在じゃないか。

アヒを丁寧に掃除してから何度か茹でこぼし、ミキサーに入れてぐるぐると回す。辛味は抜け、うま味が際立ち、万能と言っていいピューレができあがる。その色を見て、「あっ！」と目を見開いた。タイガーミルクの黄金色は、この唐辛子が握っていたのだ。

★ペルーの唐辛子は300種類以上あると言われる。唐辛子だけを解説する専門書を5冊ほど購入した。

アヒはペルー料理の根幹を成し、さまざまな姿に形を変えて応用される。こんな食文化が他にあるだろうか。ところが感心した矢先に、『Ｍａｉｄｏ』のシェフは ミキサー★★に うま味調味料やらクッキーやらをぶち込み始めたのだ。その横暴さに脳内がかき回され、ペルー料理がわからなくなった。挙句の果て、この地ならではの蒸留酒を用いたピスコサワーを飲み、僕はすっかり酩酊してしまった。

リマを離れ、国内線でイキトスへ飛ぶ。ペルーには、大きく3種の食文化があると言われている。リマを中心としたエリアとアンデス高地、そしてアマゾン一帯である。イキトスは、ペルーからブラジルにかけて流れるアマゾン川への玄関口となる街だ。川の水は極めて高い栄養分によって濁り、本流は広大で目線の先に延々と水平線が続く。

イキトス最大のベルン市場を歩いた。広大な土地を行けども行けども出店が続き、迷子になりそうだ。見たことも聞いたこともない食材に次々と出会うから把握しようとするのは早々に諦めた。「Ｄｏｎ'ｔ ｔｈｉｎｋ．Ｆｅｅｌ」。国民の8割がカトリックと言われるペルーでは、肉はなんでも食べる。カピバラ★★★の肉やワニの肉を食べたのは貴重な体験だった。

★★ 調理にペーストやピューレが頻出するペルー料理にミキサーは欠かせない。かつては石臼が使われていた。

★★★ 豚肉のハムのような味わいで、まずくはない。

El Sábalo de cola roja es
los géneros de peces de agu
mayor número de especies
ampliamente distribuidas en
Argentina y desde los ríos de
Pantanal del bosque inund
Chilobrycon y Henochilus, la
sido reportadas para la part
piscicultura.

La Gamitana es un pez origin
un crecimiento extraordina
alimentan mayormente de
alimentan también de zoop
están aisladas del bosque. L
de frutas y semillas durante
Amazonía alcanzan su nivel
abunda en la floresta inunda
dientes molariformes permi

再びリマに戻り、せっせと食べ歩く。ペルー料理を世界に知らしめた『ガストン』では、本質を失わず現代的に洗練させるバランス感覚に酔いしれた。話題の『CENTRAL』は、創作と混沌をちりばめた大人の遊園地に紛れ込んだようで忙しない。典型的な料理、ロモ・サルタード（牛肉と野菜炒め）でシジャオ（ペルー醤油）の風味を堪能し、屋台でアーティクーチョ（牛ハツの串焼き）をほお張った。『Merito』ではティラディートと再会。短期間の旅の間にこの味が僕の心に刻まれてしまったようだ。

ジャガイモ、トマト、トウモロコシなど世界で重宝されている食材の多くはペルーが原産★だと言われている。その豊かさが着目されつつあるけれど、改めてアヒがなければ成立しない食文化だと思い至った。思い起こせる食体験のほとんどにアヒが寄り添っている。辛味や香りだけでなく、唐辛子のうま味を引き出して料理の土台にするという知恵は、僕自身の料理の幅を思いっきり広げてくれた。オレンジ色の先についた針金のような軸をたぐりよせれば、ペルーの食がぞろぞろと連なってついてくる。そんなふうに想像するだけで、僕はまたもう一度ペルーを旅している気持ちになるのだ。

★実際にはペルーという国が誕生するよりもはるか前から南米のどこかで自生した野菜だと思う。

PERU | *Ceviche*

→ P.060

お洒落でイケてるぜ、セビーチェ

ペルーで出会ったセビーチェの進化形、ティラディート。
黄色い唐辛子を茹でこぼし、ミキサーに。ぐるぐるぐる。

材料〈4〜5人分〉

アビ・アマリージョピューレ……½カップ（※下準備参照）
真鯛（切り身）……600g

● **タイガーミルク用**
- フィッシュストック……¼カップ
- メキシカンライムジュース……½カップ
  →なければレモンで代用可
- 玉ねぎ（ざく切り）……少々
- にんにく（ざく切り）……少々
- しょうが（ざく切り）……少々
- セロリ（スライス）……少々
- 塩……適量
- ホワイトペッパーパウダー……少々

● **トッピング用**
- シャロット（みじん切り）……1個
- アヒ・リモ……1個
- コリアンダーリーフ（みじん切り）……大さじ1

下準備

・アヒ・アマリージョピューレを作る。適量のアヒ・アマリージョ（分量外）の種と軸を取り除き、皮をむく。鍋にアヒとたっぷりの水を入れて強火にかけ、沸騰したらそのまましばらく煮る。アヒをざるに上げて鍋に戻す。この“茹でこぼし”作業を合計3回行う。粗熱を取ってブレンダーでピューレ状にする。
・真鯛は食べやすいサイズに薄切りにして冷蔵庫に入れ、冷やしておく。
・アヒ・リモは種と軸を取り除き、みじん切りにする。

作り方

1 ブレンダーにアヒ・アマリージョピューレと半量のフィッシュストック、半量のメキシカンライムジュース、真鯛の端肉少々（分量外）、にんにく、しょうが、セロリを入れて回す。様子を見ながらフィッシュストックとメキシカンライムジュースを加えて回し、よいテクスチャーと味わいになるまで。
2 ざるで濾し、塩とホワイトペッパーで味を整え、冷蔵庫で冷やす。タイガーミルクの完成。
3 器に冷やした魚を並べてタイガーミルクをまわしかける。アヒ・リモとシャロット、コリアンダーリーフを散らす。

PELUQUERIA "DANY"

CANTABRICO

―メキシコ―

モーレ！ カレー？ モーレ！
～唐辛子の妖怪七変化で迷宮入り!?～

ウェイターが思わせぶりに僕のテーブルに近づいてくる。トレイは銀のドームでふたがされ、中身は見えない。彼が劇場の舞台に立つ俳優のような動作でふたを開けると、茶褐色のソースをまとった骨付き鶏もも肉が現れた。メキシコシティのレストランで、生まれて初めて〝モーレ〟★を食べたとき、妙な印象を持った。行きつけの老舗カレー専門店の光景が浮かんだのだ。渋谷『ムルギー』の香りがし、神保町『共栄堂』の味がする。なぜ？ 謎を解くカギは、この料理の生まれ故郷、オアハカにあった。

モーレの作り方を教えてくれたミネルバさんは、オアハカ先住民の流れをくむ女性。彫が深く、まなざしは優しい。かっぷくがよくて背は低く、60歳を過ぎているだろうか。まっすぐ僕を見つめ、控えめに挨拶をした。ゆっくりと歩き出す彼女についてアバスト中央市場へ向かった。迷宮の案内人は通いなれた巨大な市場内を躊躇なく進み、僕は背中を追いかける。まさかメキシコ料理の洗礼が待っているとも知らずに。

★メキシコを代表する伝統料理。P68下部写真。カレー文化のないメキシコで、カレーのような料理の代表でもある。

「ここから先は、チレの売り場よ」

チレとは唐辛子のこと。前方に思わぬ光景が広がった。多種多量のチレが山と積まれているのだ。唖然とした。自分の背丈よりもはるか上まで唐辛子で埋めつくされている。妖怪ヌリカベならぬ、妖怪チレカベ。迫りくるようなインパクトがある。もしザバーンと覆いかぶさってきたら、ひとたまりもない。

あたり一面に漂うのはチレの香ばしくスモーキーな香り。★★料理に使う唐辛子は20種類～30種類ほどあるという。これらを使い分けて様々な料理に風味を加える。「メキシコ料理はチレがなければ成立しないのだよ」。僕はチレカベの声なき声を受け止めた。市場内で朝食を済ませ、ミネルバさんの自宅へ。明るく素敵な中庭に面したオープンキッチンでは、すでに炭火がたかれ、鉄板の上で青トマトがジュージューと焼かれていた。

モーレは予想をはるかに超えて手間がかかる料理だった。3種のチレを使う。すでに燻されているものもあったが、さらに徹底的に焙煎され、追い打ちをかけるようにミキサーでグルグルと回される。するとそのペーストに『ムルギー』の香りが現れたのだ。あのとき、僕は一つ目のゴールテープを切った。ああ！これがあの香りの素だったのか。

★★ 唐辛子の中には乾燥させた後（もしくはその途中）で燻製をかけるものもある。

PRODUCTO
FUE

目で見て音を聴き、生まれ出る香りに自分の記憶をピタリと貼り付けていく。ふわふわと漂っていたメキシコ料理の輪郭が次第にくっきりとしていくのを感じながら。

続いて見たプロセスに我が目を疑った。取り除いてあったチレの軸と種を鉄板の上でボオボオ、メラメラと燃やし始めたのだ。真っ黒焦げになったチレを水に浸し、ミキサーに。ウィーンという派手な音の後、ざるで濾すとチレは墨汁のようになった。それを煮込みに加えると、今度は『共栄堂』の風味が生まれた。今、世界中で「炭化の応用」★が注目されているが、そんなものはとっくの昔からここにあったことになる。

モーレは食材を駆使し、いくつものプロセスを経てできあがる総合芸術だ。僕は目まぐるしく変わる香りに翻弄されながら、材料を無駄にせず合理的に設計された調理を目の当たりにし、感服した。ミネルバは、「せっかくだから」と、僕がメキシコで最も気に入ったサルサ・モリータの作り方も教えてくれた。もちろんチレ・モリータを使って。チレに始まり、チレに終わる。市場で見た妖怪は、全く恐るべき存在だったのだ。僕はおおいに満足して貴重な体験に銀のドームをかぶせ、この旅を終えることにした。

★意図的に素材の一部を焦がして、その風味を生かす手法。僕もカレー調理によく使っている。

MEXICO | *Mole*

→ P.068

モーレ・ネグロはメキシコの誇り

オアハカ原住民の流れを汲むおばあちゃんから習ったモーレ。
意表の焙煎と根気の煮込みで濃厚なソースに。

材料

● **チレ類**
- チレアンチョネグロ……50g
- チレチワークリネグロ……50g
- チレムラート……100g

● **ドライハーブ類**
- オレガノ……大さじ1
- メホラナ(バジル)……大さじ1
- タイム……大さじ1
- オアハカオレガノ……大さじ1

● **スパイス類**
- シナモン……1本
- ローレル……6枚
- オールスパイス……6粒
- クローブ……6粒
- クミンシード……大さじ1
- ナツメグ(すりおろす)……1/2個分
- しょうが(生)……1個

- にんにく……1株
- 玉ねぎ……1個

● **ナッツ類**
- ピーナッツ……50g
- ピーカンナッツ……50g
- アーモンド……50g

- レーズン……50g
- プルーン……50g
- バナナ(2センチ幅に切る)……1本
- パン……2個
- ごま……50g
- トマト……1kg
- トルティーヤ(硬いの)……2枚
- チキンスープ……適量
- ラード……適量
- チョコ……適量
- 塩……適量

作り方

1 チレ類は軸と種を取り除き、鉄板で乾煎りして乾燥させ、手で砕く。チキンスープに浸しておく。やわらかくなったらミキサーでペーストにし、ざるで濾す。【A】

2 鉄板にハーブ類を入れてさっと焙煎し、ボウルに入れる。続いてスパイス類をさっと焙煎し、ボウルに追加する。にんにくと玉ねぎをそれぞれ炭火の中に放り込んで真黒くなるまで焼き、焦げた皮をむいてボウルに加える。ラードを熱し、ナッツ類を加えて揚げ、レーズンとプルーンを加えて炒め、ボウルに入れる。ラードを追加し、バナナとパンを続けて炒め、ボウルに入れる。ごまとスープを加えてミキサーでペーストにし、ざるで濾す。【B】

3 鍋にトマトを加えて炒め、ミキサーでペーストにし、ざるで濾す。【C】

4 鉄板にトルティーヤとチレの軸、種を加えて燃やす。真黒くなるまで。ボウルに入れて水を加えて洗う。ミキサーでペーストにし、ざるで濾す。【D】

5 鍋に【A】を入れてじっくり煮る。【B】、【C】、【D】の順に加え、その都度煮る。チョコと塩を加えて混ぜ合わせ、ふたをしてさらに煮る。

DE BARBACOA
ARACELI

―フランス・バスク―

塩胡椒より塩ピモン

それまでの僕はフランス料理と唐辛子を結び付けたことはなかった。ところがバスク地方のフランス側エスペレット村を訪れて以降、脳内は塗り替えられてしまった。徒歩で一周できてしまいそうな小さな村にピモン(唐辛子)★の畑が点在している。

秋に完熟するピモンは小さめのピーマンのようだ。収穫後に熟成、乾燥させると穏やかな辛味とフルーティでローステッドな熟成香を宿す。色は深紅から黒っぽい赤に変わり、ミルで挽けばオレンジ色に姿を変える。「ピモン・デ・エスペレット」の誕生である。

この粉はアショア(ミンチ肉の家庭料理)やピペラード(野菜の煮込み)に欠かせない。それればかりか、調味料のような役割も果たすと言う。塩胡椒ならぬ塩ピモン★★と言っていいほどの立ち位置を獲得している。その事実に僕は興奮を抑えられなかった。

外をぶらり歩く。茶色いレンガと白壁、赤い木枠の窓や扉の家々。うすらと靄がかかり、絵本の中にいるようだ。目抜き通りを奥まで行くと家の軒先にピモンがずらりと干されているのが見えた。唐辛子が寄り添うこの村にいつか住んでみたい、と思った。

★深緑の葉に深紅の実がなる。ピーマンと語源は同じだと思う。

★★地元の唐辛子センターを取材した際、そう教えてくれた。

FRANCE | *axoa*

エスペレット村香るアショア

フランスバスクで親しまれる、細かくした子牛肉の料理。
唐辛子の辛味は控えめでうま味と香りが強い。

材料〈4〜5人分〉

オリーブ油	大さじ4
玉ねぎ(粗みじん切り)	大1個
にんにく(つぶす)	3片
赤ピーマン(粗みじん切り)	大3個
緑ピーマン(粗みじん切り)	大1個
生ハム(みじん切り)	50g
子牛肉(粗挽き)	800g
● **ハーブ類**	
タイム	適宜
パセリ(みじん切り)	少々
ローリエ	適宜
白ワイン	200ml
チキンブイヨン	200ml
レッドチリパウダー(ピモンデエスペレット)	小さじ1〜2
じゃがいも(食べやすいサイズに切る)	適量

RECIPE

下準備

・じゃがいもは付け合わせ用として、蒸し焼きにしておく。

作り方

1 鍋にオリーブ油を中火で熱し、玉ねぎとにんにく、ピーマンを加えて炒める。
2 生ハムを加えて炒め、子牛肉を加えて表面全体が色づくまで炒める。
3 白ワインを注いで煮立て、チキンブイヨンを注いで煮立て、ハーブを加えて混ぜ合わせ、ふたをして弱火にして60分ほど煮込む。
4 ふたを開けて火を強め、汁気がほとんどなくなるまで煮詰め、レッドチリパウダーを加えて混ぜ合わせてざっと混ぜ合わせる。
5 器に盛り、じゃがいもを添える。

Chou Fleur
2,50 €
la Pièce
FRANCE

Corde de Piment d'Espelette

唐辛子は通奏低音のごとく

ー中国・四川ー

たった一度の訪問で距離が縮まる場所がある。ずっと憧れていた四川は、今や特別な場所になった。唐辛子の経験が通奏低音のようにずっといるからだ。初の四川旅が前のめりだったことは否めない。ホテルにチェックインするなりルームサービスで麻婆豆腐を頼むという奇行が功を奏し、料理長直伝の麻婆豆腐レッスンを受けることになった。

四川料理は山椒の痺れ（麻）と唐辛子の辛味（辣）に特徴があると言われるが、実際には表現しきれないほどの風味に彩られる★。たとえば宮保鶏丁《ゴンバオジーディン》なら油で唐辛子をとことん火入れして香味を立てる。そんな唐辛子が奏でる音の数々を存分にかき集めた。

とことん旺盛に食べ歩く。専門店で四川ダックを食べ、棒棒鶏をテイクアウトし、家庭料理店で回鍋肉を注文。玉林総合市場で塩漬け唐辛子を物色し、石臼による粉砕を体験。川菜博物館で豆板醤の見識を深めた。成都で一番おいしいと噂の担担面をチュルチュルとし、別の店で青椒肉絲、魚香肉絲《ユーシャンロースー》を頼む。豆花《ドウファ》でしみじみとした朝を過ごした。

すべての体験に唐辛子が鳴り響く幸福感は、やはり一度では終えられない。

★四川料理には、24の風味づけと56の調理方法がある、と教わった。自分の作るカレーにもそのくらいのバラエティを生みたい。

CHINA | *Mapo doufu*

→ P.084,085

最後の晩餐は麻婆豆腐かなぁ

いつか四川に行って麻婆豆腐を食べてみたい、と恋焦がれてきた。
その後、自宅で研鑽を積んでいる。

材料〈2人分〉

豆板醤	大さじ1
一味唐辛子	大さじ1
にんにく(みじん切り)	小さじ1
豆鼓(湯に5分ほど浸けておく)	大さじ1杯
紹興酒	小さじ2
しょう油	小さじ1/2
チキンスープ	180ml
● **炸醬(肉みそ)**	
米油	大さじ1
牛脂(あれば)	10g
牛ひき肉	60g
しょうが(みじん切り)	小さじ1
甜麺醤	小さじ1強
紹興酒	小さじ1/2
しょう油	小さじ1
木綿豆腐(1.5cm角に切る)	300g
葉にんにく(斜め切り)	1/2束
長ねぎ(みじん切り)	大さじ3
水溶き片栗粉	小さじ2
花椒粉	適量

下準備

・炸醬(肉みそ)を作る。フライパンに米油を熱し、牛脂を加えて弱火で溶かす。牛肉を加え、強火で牛肉がパラパラになるまで炒める。しょうがを加えて中火で香りが出るまで炒め、紹興酒、しょう油を混ぜ、甜麺醤を加えて炒める。
・豆腐は湯と塩少々(分量外)で2分ほど茹で、ザルに上げておく。

作り方

1 フライパンに大さじ2の油(分量外)を中火で熱し、豆板醤と一味唐辛子を加えて赤黒くなるまで炒める。にんにくと木綿豆鼓を加えて軽く炒める。
2 紹興酒としょう油、チキンスープを加えて煮立て、肉みそと水切りした豆腐を加えてごく弱火で煮る。
3 葉にんにくと長ねぎを加え、水溶き片栗粉を入れてとろみをつけ、強火で加熱し、花椒粉を振る。

見るものすべてがアチャールだ
～100種類以上を食べて見えたもの～

—ネパール—

アチャールは、ネパールにもあった。それは漬け物のような料理の総称で、食卓の端に控えめに添えられている。発酵の度合いや油の有無などは様々だが、唐辛子が効いているのが共通点。インドでアチャール★を探求していた僕は、その足でカトマンズへ入った。「この地もアチャールが豊富だ」との噂に惹かれ、面喰う羽目になった。

メキシコ中部で紀元前6000年ころから栽培確認されている唐辛子が、インド周辺諸国で使われるようになったのは、16世紀～17世紀。ネパールで400年ほどの歴史しかないこのスパイスは、今や欠かせない存在だ。その片鱗は至る所にあった。

たとえばストリートのアチャール専門屋台。市場街の途中、小さな交差点の角に両手を広げたくらいの幅のテーブルがある。その上にたくさんのアチャールのボトルがずらりと積み上げられていた。ボトルの中身はすべてオレンジ色をしていたが、よく見るとテクスチャーも風合いもすべて違う。老婆が一人、咥え煙草で店番をしていた。

★インドではピクルスとも呼ばれるが、オイル漬けがメジャー。辛味と酸味と塩味が強い。

POST CARD

料金受取人払郵便

小石川局承認

7741

差出有効期間
2025 年
6 月 30 日まで
(切手不要)

112-8790

127

東京都文京区千石 4-39-17

株式会社　産業編集センター

出版部　行

★この度はご購読をありがとうございました。
お預かりした個人情報は、今後の本作りの参考にさせていただきます。
お客様の個人情報は法律で定められている場合を除き、ご本人の同意を得ず第三者に提供することはありません。また、個人情報管理の業務委託はいたしません。詳細につきましては、「個人情報問合せ窓口」(TEL：03-5395-5311〈平日 10:00 ～ 17:00〉) にお問い合わせいただくか「個人情報の取り扱いについて」(http://www.shc.co.jp/company/privacy/) をご確認ください。

※上記ご確認いただき、ご承諾いただける方は下記にご記入の上、ご送付ください。

株式会社 産業編集センター　個人情報保護管理者

氏名《ふりがな》

(男・女／　　　歳)

ご住所　〒

TEL：

E-mail：

新刊情報を DM・メールなどでご案内してもよろしいですか？　□可　□不可

ご感想を広告などに使用してもよろしいですか？　□実名で可　□匿名で可　□不可

ご購入ありがとうございました。ぜひご意見をお聞かせください。

■ お買い上げいただいた本のタイトル

ご購入日：　　　　　年　　月　　日　　書店名：

■ 本書をどうやってお知りになりましたか？

□ 書店で実物を見て
□ 新聞・雑誌・ウェブサイト（媒体名　　　　　　　　　　　　）
□ テレビ・ラジオ（番組名　　　　　　　　　　　　）
□ その他（　　　　　　　　　　　　）

■ お買い求めの動機を教えてください（複数回答可）

□ タイトル　□ 著者　□ 帯　□ 装丁　□ テーマ　□ 内容　□ 広告・書評
□ その他（　　　　　　　　　　　　）

■ 本書へのご意見・ご感想をお聞かせください

■ よくご覧になる新聞、雑誌、ウェブサイト、テレビ、
よくお聞きになるラジオなどを教えてください

■ ご興味をお持ちのテーマや人物などを教えてください

ご記入ありがとうございました。

たとえばモモ（ネパール餃子）の専門店。ステンレスのぺらっとした皿にモモが5個ぽろぽろっと置いてある。そこへ店員がやってきて、バシャバシャッと何やら液状のソースのようなものをかけた。器の周辺に水たまりのようにたまったソースからほのかにゴマの風味がする。ネパール人はこれもアチャールと呼ぶらしい。

たとえば夕食に出かけたタカリ族の料理を出すレストラン。名物のダルバート★★（定食）を頼むとアチャールが7つもついてきた。国内に100近い民族がいる中で、カトマンズに多く住むネワール族と並んでタカリ族の料理は人気がある。チベットとの交易拠点で財を成した民族で、料理にもひと際、執着心を持っていたのかもしれない。

食後に夜道をそぞろ歩く。2月のカトマンズがここまで涼しいとは思わなかった。ダウンジャケットを羽織って歩きたいほどで、吐く息はほのかに白い。この国では、何かにつけてアチャールがお供する。見るものすべてがアチャールだ、と言いたくなる。

翌朝、チャイを飲んでゆっくりし、カジャを取る。カジャとはネパールの軽食のこと。ネパール人は、朝にカジャを食べ、昼にダルバート、3時のおやつにカジャを食べ、夜

★★
ダルが豆（料理）、バートが米（ごはん）を意味する。カレーやアチャールがつくと豪華になる。

Wave

साधन
NO PARKING

にダルバートを食べる。「ライスがセットになっている以外の食事全般がカジャ」という解釈もあるらしい。ネパールの食事は、カジャとダルバートに大別できるのだろうか。

知人宅を訪れるために20分ほどタクシーに揺られた。カトマンズのパンダラという街に4階建ての豪勢な家がある。ここには屋外の炎天下で放置して作る、乳酸発酵型★のアチャールがあった。塩もみしてスパイスと油に浸し、43度くらいまでは温度を上げるらしい。プラスチック容器の空きボトルに絶賛発酵中のアチャールがつかっていた。高地にあるネパールでは時期によっては日中、こうして温度管理をするそうだ。

午後は、カトマンズの旅行者街であるタメル地区に戻り、家庭でアチャールを習う。アパートの内装は濃いコバルトブルーで塗られ、いかにもネパールらしい雰囲気がある。床に座り込んだお母さんが、いつものスタイルでネワール族のアチャールを作り始めた。途中、チョエラという料理が出てきたときにアチャールとの違いは？と戸惑う僕に彼女は頼もしい答えを用意していた。

「辛かったらなんでもアチャールでいいのよ」

★無酸素状態で細菌がなどが糖を分解して乳酸を生成する発酵。アチャールでは温度と塩分濃度によって進行度を調整する手法が用いられる。

レストランでもアチャールを教えてもらった。ミックスアチャール、ムラコアチャール、トマトアチャール、ゴーヤアチャール、グンドゥルックアチャール、マチャコ（干し魚）のアチャール。発酵させない簡易型のアチャールは次々とできあがり、気持ちがいい。それにしてもどこまでがアチャールでどこからがそうでないのか、難解だ。いずれにせよ最終的にすべてを混ぜ合わせて口に運ぶ。★★そうすることで食事はおいしく味わえるのであり、アチャールか否かなどという問いはどうでもよくなってしまう。

マニアックでありながらもバラエティに富んだアチャール世界を垣間見ている。試食し、撮影したアチャールはすでに100種類を超えたが、まだ果てしなくありそうだ。それなりの数に出会い、口にしたところで達成感を持てるわけではない。「A列車で行こう」の有名なイントロをピアノでポロリポロリと弾いたくらいではデュークエリントン気分に浸れないのと同じだ。それでも僕はこの世界を掘り続けたいと思ってしまう。

木を見て森を見ずなんてことはない。木をじっと見つめ続けることで森の気配が浮かび上がることもある。アチャールについて聞いたところによれば、土の中に瓶を埋めて作る手法もあるらしい。ほら、また気になる情報が。次はスコップ持参かな。

★★
インド亜大陸の食文化は、「複数の料理を盛り合わせ、手で混ぜ合わせて食べる」スタイルが主流。

| NEPAL | *Achar*

オールドスクール！ アチャール

ネパールのレストランで学んだアチャール（漬け物）は、
手軽な上に何度でも作りたくなる伝統の味。

トマトアチャール

材料

- 生トマト……適量
- ヒマワリ油……適量
- レッドチリホール……適量
- にんにく……適量
- 塩……適量
- ティムール……適量
- レッドチリパウダー……適量

作り方

1. 生トマトをミキサーでピューレにして鍋に加える。
2. ヒマワリ油とレッドチリホールを加えて15分ほど中火で煮て、火を止めて粗熱を取る。
3. にんにくと塩、ティムール、レッドチリパウダーを混ぜ合わせ、ミキサーでピューレにする。

トマトアチャール／オールドスクール

材料

- 生トマト（半切り）……適量
- にんにく（つぶす）……適量
- しょうが（厚切り）……適量
- 香菜（ざく切り）……適量

作り方

1. フライパンに生トマトを断面を下にして並べ、にんにくとしょうが、油（分量外）を加えて焼き付ける。断面がこんがりと色づくまで。
2. 石板に出してすりつぶし、香菜を加えてさらにすりつぶす。

ムラコアチャール

材料

- 大根（拍子切り）……適量
- ● **パウダースパイス**
  - バング（麻）パウダー……適量
  - ゴマ（粗挽き）……適量
  - レッドチリ……適量
  - ターメリック……適量
- 塩……適量
- ティムール……適量
- ヒマワリ油……適量
- フェヌグリークシード……適量

作り方

1. 大根に塩をふってひと晩置き、水分を出して絞っておく。
2. ボウルに大根とパウダースパイス、塩、ティムールを加えて混ぜ合わせる。
3. フライパンにヒマワリ油とフェヌグリークシードを加えて炒め、ボウルに油ごと加え、もみ込むようによく混ぜ合わせる。

第2章

肉料理をめぐる旅

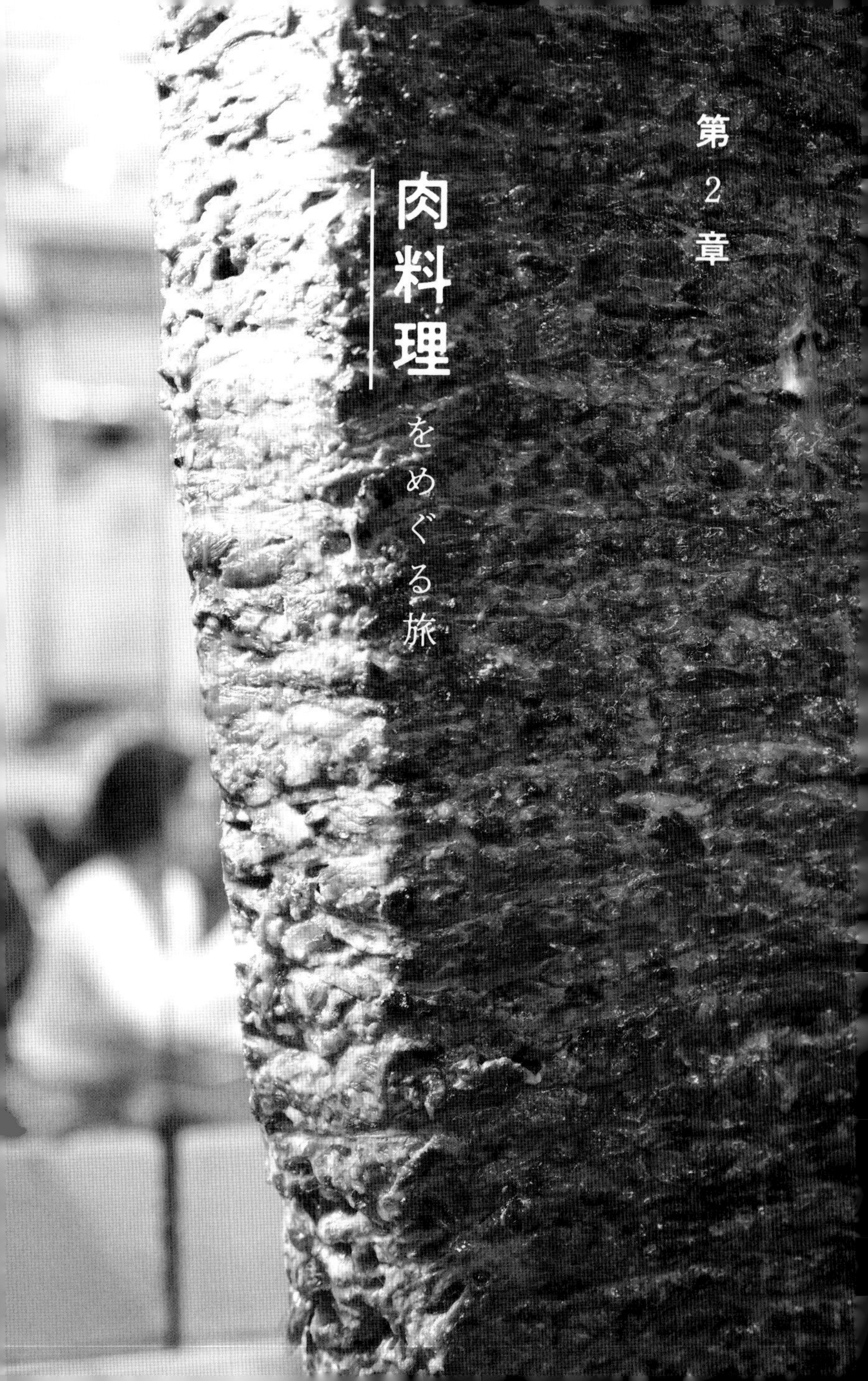

Celery Powder
Garlic Powder
Powder
Orange Spice
Ketchup Season
Garlic mints
Orange Chicken Spice
Chicken Season
Festival mix
Season To di bone

748
747
Peace love
720 719

―ジャマイカ―

カリーゴート？　ジャークチキン！
～魅惑の燻煙に包まれる醍醐味～

カリーゴート★というヤギのカレーがあると知り、旅心を掻き立てられた僕はジャマイカに飛んだ。カリブ海に浮かぶこの島の首都、キングストンで滞在を始めると確かにあちこちで目にする。宿のコックに作り方を習うと、圧力鍋に材料を入れてよく混ぜ合わせ、煮込むだけ。味は悪くないが、正直言って拍子抜けした。

鍵となるアイテムは、スコッチボニート（唐辛子）とスキャリオン（ねぎ）、タイム。これらがジャマイカ料理を象徴する風味を奏でる。3種の神器★★はかの有名なジャークチキンにも使われる。むしろ現地で僕が心を奪われたのは、こっちの料理だった。

夜道の屋台を訪れた。ドラム缶を縦に真っ二つにして横に倒した簡易オーブンがある。炭火で焼かれた鶏肉は闇夜に黒光りし、宝箱に詰め込まれた鉱石のようだ。鉈のように巨大な包丁でドンドンドンドンドン！　骨付きの鶏肉は5ピースに切り分けられた。

宿の部屋で包みを開けると「ようこそ」と歓迎の香りを解き放つ。ビールと共に味わ

★P96下部写真のカレー

★★3種とも代用品は存在しない。日本でぜひ育ててほしい、誰か。無理な願いではあるけれど。

うと至福の時間が訪れた。このドラム缶方式のチキンは、正確には「パンチキン」と呼ぶ。正真正銘のジャークチキンはスウィートウッド★★★でスモークをするそうだ。スウィートウッドとは、ピメント（オールスパイス）の枝のこと。その名の通り、甘い香りがする。オールスパイスは、カリブ海エリアでなければ自生しない。その実が、「ナツメグとクローブ、シナモン」の香りを併せ持つことから「すべてのスパイス」という名がついた。

専門店を訪れ、調理場を取材させてもらう機会に恵まれた。アウトドアスペースにトタン板を敷き詰めた場所があり、焼いたチキンを燻しているという。「ちょっとだけ」とジェスチャーでお願いしたら、数秒間だけ板が取り払われた。すると寝起きの子供がベッドから滑り出るように、白い燻煙が揺らめいた。息を吸い込むと想像以上に甘く香ばしい。その後に口にしたジャークチキンの風味は、忘れられない。

現地でしか出会えない食材がある。それは嬉しいことであり、僕にとっての旅の醍醐味だ。スコッチボニートもスキャリオンもタイムもピメントも。必然的にあの場で手にしたアイテムによってしか生まれない料理もある。一方でそれは残念なこととも言える。現地以外であれを超えるジャークチキンに出会うことはないのだから。

★★★
P101の下部写真がスモークの様子。オールスパイス以外の木を使うこともあるようで、いわゆる燻製のチップに似ている。

PAprika
Jerk
Spice

| JAMAICA | *Sweet Wood & Jerk chicken* → P.097

スイートウッド&ジャークチキン

オールスパイスの木(スイートウッド)でスモークされた香り高さよ。
これがジャークチキンというものか。

材料〈4人分〉

丸鶏	1羽(2キロ)
● マリネ用	
スキャリオン(長ネギ・輪切り)	1/2カップ
タイムの葉(きざむ)	小さじ2
スコッチボニート(生赤唐辛子・種とヘタを取る)	2個
玉ねぎ(ざく切り)	小1/2個
植物油	大さじ2
白ワインビネガー	大さじ2
塩	小さじ1強
砂糖	小さじ2
しょう油	大さじ2
● パウダースパイス	
オールスパイス	小さじ1
ブラックペッパー	小さじ1
パプリカ(あればスモークド)	小さじ1
ナツメグ	小さじ1/2
シナモン	小さじ1/2

下準備

・マリネ用の材料とパウダースパイスをミキサーで完全なペーストにする。
・丸鶏肉はガラを取って残りを大きく割っておく。

作り方

1 ボウルに鶏肉を入れ、マリネペーストを加えてよくもみ込み、ひと晩置く。
2 耐熱皿にマリネした丸鶏肉(鶏肉だけ)を並べる。ボウルに残ったマリネ液は、取っておく。
3 100℃に加熱したオーブンで90分ほど焼く。可能ならスモークウッド(オールスパイスの木)と炭火を熱源にしたグリルを100℃に加熱してふたをして焼くのがベスト。ときどき肉を裏返しながら、取っておいたマリネ液を塗りながら。鶏肉の中心温度が、60℃台になったら完成。

| JAMAICA | ***Jamaican Curry Goat***

→ P.096

カリーゴートにジャマイカが集う

タイム、スコッチボニート、スキャリオンのジャマイカ料理3点セットにカレー粉が出会ったヤギカレー。

材料〈4人分〉

植物油	大さじ3
骨付きヤギ肉	650g
さとうきびの酢	大さじ3
●マリネ用	
玉ねぎ(ざく切り)	小1個
にんにく(ざく切り)	3片
しょうが(すりおろし)	大1片
ねぎ(スキャリオン)	2本
中力粉	小さじ1/2
カレー粉	大さじ2強
イエローチリ(Scotch Bonnett・ざく切り)	1個
タイム(葉を刻む)	1枝
ベジタブルブイヨン	400ml

下準備

・骨付きヤギ肉にさとうきびの酢をまぶし、水で洗う。マリネ用の材料を加えてよくもみ込み、ひと晩マリネする。

作り方

1 圧力鍋に植物油を熱し、マリネした骨付き肉を加えて肉の表面全体がこんがり色づくまで炒める。
2 鍋底にならした状態でしばらく放置し、マリネ液の残ったボウルに100ml程度のブイヨンを加えてすすぎ、鍋に加える。
3 ふたをして強火で煮て、蒸気が上がったら弱火にして15分ほど煮込む。
4 火を止めて蒸気を抜き、ふたを開けて残りのブイヨンを加えてふたを開けたまま15分ほど煮る。

kekik

THYMUS SERPYLLUM - THYMUS VULGARIS
— Lamiaceae —

Diğer adları: Akdeniz kekiği, adi kekik, hakiki kekik, dağ kekiği, bahçe

―トルコ―

ドネルケバブ的思考の追求
〜芸術作品は水平と垂直の間に〜

ときおり「ジュッ！」という小さな破裂音を鳴らしながら巨大な塊がゆっくりと回っている。瑞々しく肉汁を滴らせた表面は、しっとり艶やかに輝いている。長いナイフが「スーッ、スーッ、スーッ」と動くたびに肉は重力に従い、はらりと落ちた。辺り一面に漂う芳ばしい香りに体を包み込まれたようで、僕は唾をごくりと飲み込んだ。

これが正真正銘のドネルケバブというやつなのか。イスタンブールで感慨に浸る。ドネルケバブを初めて食べたのは、パリの街角だった。大学時代の貧乏旅行でビストロを常食にするほどの余裕はなく、かといってパンをかじるんじゃ味気ない。そんなとき、安いケバブの屋台★を見つけた。なんとおいしい肉だろう！　あれから25年以上の時が経った。トルコ料理におけるスパイスについて探りたい。秘密があるに違いない。

目当ての老舗店で、噂のドネルケバブをほお張る。香味とうま味が口内を駆け巡り、

★「この屋台、日本にも欲しいな」と思っていたら、10年後くらいに上陸した。

豊かな香りが鼻から抜ける。思わずその場で2度3度、足を鳴らした。ドネルはトルコ語で〝回転〟を意味する。すなわち、〝回転するケバブ〟ということだ。主に使用している肉は、〝エトゥ〟と呼ばれ、「牛肉(主にモモ肉):子羊肉(尾の脂肪分含む)=75%:25%」くらいの割合でブレンドされている。チキンを焼く店もあるが、主流とはいえないようだ。宗教上の理由★★で豚肉は使われない。

ドネルケバブは、巨大な塊肉の部位をグサッと串刺しにして丸焼きにしているわけではない。薄切りの肉を無数に積み重ねて巨大なタワーを形作っているのである。トルコを旅する間、この仕組みの不思議さについて思考を巡らせる羽目になった。味の記憶も相まって、服についた油染みのよう頭の片隅にこびりついたまま離れないのだ。

60年ほど前に創業した『KASAP OSMAN』のオーナーと話すことができた。80キロほどの肉を毎朝自ら仕込んでいるそうだ。「肉をマリネする」という言葉を聞いて、自分の中にいるもう一人の自分が「今だ、今だ!」とささやく。あの秘密を聞かなくちゃ。警戒心を持たれぬよう、ごく軽い調子で核心に迫る問いを投げかけてみた。

★★国民のほとんどがイスラム教徒。宗教上、許されているハラルフードから豚肉は除外されている。

「スパイスは何を使っているんですか？」

オーナーの顔を覗き込む。少し間が空いた。ん！？予期せぬ言葉を投げかけられて戸惑っているのか、質問が伝わっていないのか。トルコではスパイス、またはブレンドされたスパイスのことを総称して〝バハラット〟★と呼ぶ。僕はひと言、付け加えた。

「バハラットを肉のマリネに使うでしょう？」

返ってきたのは予期せぬ言葉だった。

「バハラット？　NO！！！」

え？　ノー？　今、ノーって言ったよな。言葉だけじゃない。きっぱりとジェスチャーまでつけて。右手をじゃんけんのパーの形にし、左の頬のあたりから右の腰の下にかけて素早く斜めに振り下ろしたのだ。「敬礼！」の逆回転動画を見ているようだった。ドネルケバブのマリネにスパイスを使うという行為を全身全霊で否定したのである。

マリネに使うのは、玉ねぎのすりおろし、牛乳、ヨーグルト。唯一使っているスパイスは、ホワイトペッパーのみ。「スパイスを入れると色が濃くなってしまう。色を濃く

★ケバブ用スパイスミックスが市場で売られていたが、観光客向けのお土産需要という印象が強かった。

し過ぎないように」とのこと。気さくなオーナーはなんでも教えてくれる。肉の比率にもこだわりがある。90％が牛肉で、10％が羊肉。羊肉の脂肪部分が白い帽子のようにケバブタワーのてっぺんに乗っかっていることに気がついた。脂は熱によって少しずつ溶け、タワーの外周を回りながら流れて落ちていく。脂のうま味がつき、肉質をしっとりさせるだけでなく、羊肉のフレーバーが全体を支配する仕組みになっている。

不思議な食べ物である。マリネしたスライス肉を串の周りに水平に積み重ねる。焼いた後、今度は垂直に切り落とす。理論上は千切りになるはずだが、マリネと焼きのおかげで肉どうしがくっつき、縦にスライスされた状態になる。このパラドキシカルなプロセス★★によって肉の食感は、驚くほどやわらかくなる。ぶつぶつ言いながら自分の手のひらを水平に合わせ、それから右手を離して垂直にチョップしてみる。実に面白い。

いったい誰がこんなヘンテコな工夫をしたのだろう。ケバブは17世紀のオスマン・トルコ帝国時代に考案された。はじめは羊肉の切り身を横向きに串に刺して焼いていた。それを縦にしたところにコペルニクス的発想の転換がある。成し遂げた男の名は、イスケンデル・エフェンディという。古都ブルサに住んでいた彼は幼少期、父親のレストラ

★★長い歴史を経て練りに練られた手法だと思う。

ンで焼かれていた羊肉を眺めているうちに世紀の大発見をする。19世紀半ばのことらしい。肉を水平から垂直に起こし、熱源の炭火も縦向きに配置したことがケバブの歴史を変えてしまった。そのことが現在の僕に感動と混乱★を巻き起こしているのである。

トルコに来てケバブばかりを食べていたわけではない。メイハネ（居酒屋）で酒を呑み、メゼ（各種料理）を楽しんだ。街中をうろついてハーブや食材を漁り、ロカンタ（定食屋）でスープ★★をすすった。モスクを眺め、絨毯屋で紅茶をいただいた。地元民が通う市場で取材を重ね、宮廷料理を習い、肉に限らず豊かな野菜や魚介類が織りなす料理の数々に触れた。エーゲ海をのぞむイズミルへ国内線で飛び、ハーブが豊かに香る市場の散策もした。ところがイスタンブールに戻ればまたケバブ屋を訪ねてしまう。そのくらい、あの肉料理は衝撃的だった。

困ったことに帰国した今なお、ドネルケバブ的思考の追求は続いている。自分の日常にも〝横を縦にした〟だけで既成概念を覆すようなことが起こるんじゃないだろうか。すべてをよりよく進化させてしまうようなアイデアをカレーで見つけてみたい。

★
その後、ドネルケバブをさらに横に倒して回転させるジャアケバブなるものと出会い、混乱を極めた。

★★
メルジメッキ（皮なしレンズ豆のスープ）が特においしく、ファンになってしまった。

| TURKEY | *Doner Kebab* → P.108

「バハラット？ ノー！」ドネルケバブ

スライス肉を水平に重ね、焼き、垂直にスライスする。
白胡椒以外のスパイスは使わない。毎日食べたい味。

材料

牛もも肉 …… 80%程度
子羊肉 …… 20%程度

● **マリネ用**
- プレーンヨーグルト …… 20%
- 牛乳 …… 20%
- オリーブ油 …… 40%
- 玉ねぎ（すりおろし） …… 20%
- ホワイトペッパー …… 少々
- 塩 …… 少々

● **トッピング用**
- プルビベル（またはチリフレーク） …… 適量
- ドライミント …… 適量
- ケキッキ（またはドライタイム） …… 適量

下準備

・牛もも肉と子羊肉を共に薄切りにし、マリネ用の材料をよくもみ込んで、ひと晩寝かせておく。

作り方

1 マリネした肉を1枚ずつ、ドネルケバブ専用の串の周りに重ねていく。
2 タワー型に上まで重ねたら、ナイフで表面全体をきれいに整える。
3 串をまわしながら炭火で焼き、表面の焼けた部分から削ぎ切りにして器に盛りつける。
4 好みでトッピングスパイスを振る。

モーニング・ディライト！
～肉は煮込まれる、朝が来るまで～
―パキスタン―

玉ねぎに油を加えて「炒める」。水分が抜けて相対的に油の比率が高まると「揚げる」に移行する。水牛の塊肉を加えて「炒め煮」し、スパイスを混ぜ、水を注いで「煮る」。「煮込む」との間には時間経過が横たわる。5～6時間ほどで「ニハリ」ができあがる。パキスタンの人々は、このこってりと濃厚なシチュー料理を朝から食べるという。

カラチの街で創業55年というニハリ専門店を訪れた。大通りの交差点に面した広い店先に売り場がせり出し、男がひとり座っている。目の前の床に大鍋が埋められ、ビーフニハリ★を湛えている。骨髄や脳みそ、油脂分をトッピングできるようだ。

2階の調理場を見学させてもらう。大理石の階段を裸足でひたひたと上がると、広い調理場にこれまた大理石の長方形をした大きな箱型のスペースがあり、大鍋が3つ並んでいた。右側で牛肉を煮込み、真ん中でソースを煮込み、左側で両者が混ざり合う。脇には、スパイスの調合用の電動式器具が鎮座している。1日に作られる量は1500kg

★インドやパキスタンのイスラム教徒は牛肉と同じくらい水牛の肉も食べる。ニハリは、水牛を使うことも多い。P120下部写真が典型的なビーフニハリ。

で、ざっと見積もって4000人分以上。いくら専門店だとはいえ、メーカーの工場じゃあるまいし。この地でニハリが親しまれている証拠としては十分な事実だ。

左奥の一角に目をやると、腰くらいの高さに穴が開いている。恐る恐る下を覗き込むと、1階の売り場が見えた。なるほど、完成したニハリの大鍋をこの穴からゆっくり降ろすのか。ここはシステマティックニハリファクトリー。すべてがニハリのためだけに設計されていた。席に戻って注文。運ばれてきたニハリは、クリーム色だった。

左前方に年老いた男性一人客がいる。彼はおもむろにナン★★を両手に持ち、ハンカチをたたむようにきれいに縦半分に折りまげた。それから、メリメリといった感じでナンを半分にちぎってから、ニハリをひたしてゆっくり食べた。なんともかわいらしい。

食後にチャイを飲もうとしてふと手が止まった。あれ、ニハリと同じ色じゃないか。ゴクリと飲み、ひと息ついて改めて店内を見回して気がついた。目に入る景色がどこもかしこもクリーム色なのだ。建物の壁、地面、土ぼこり、照り付ける日差しもニハリをつけて刷毛で塗ったようにクリーム色をしている。店を出て問屋街への道を歩いた。別

★★ イスラム教徒の作るナンは、丸形が主流。インドのヒンズー教徒の作るナンはインド地図のような形をしている。

محمدی
Muhammadi Nehari House
Menu
Full Plate
Half Plate

に埃っぽいわけでもないのに街に漂う空気さえもクリーム色に感じられてくる。

店を出て市場へ。道の両脇にスパイス店がずらりと並ぶエリアに到着。色鮮やかなスパイスたちにテンションが上がる。片っ端から声をかけ、ニハリを作るためだけにスパイスが配合された「ニハリマサラ」★を味見した。あまり行儀はよくないが、店に顔を出すたびにペロペロと粉をなめる。あれもこれも買ううちにカバンが膨れていった。

マサラという便利なアイテムは重宝されているようだ。個別にスパイスを調合するなんて、手間のかかることは誰もが避けたい。調理に合理性を求めるのは必然。どこかの誰かの怠慢が他の誰かの思いつきを誘発したり、別の誰かの気まぐれが新たなアイテムのヒントになったりする。ほつれた服をつなぎ合わせるようにして世界の食文化は形成され、その片鱗を大切に拾い集めながら「ふむふむ」とわかったつもりになっているのが旅先の僕の姿である。むなしい気もするけれど、楽しいのだから仕方ない。

市場でスパイスにばかりフォーカスしていた僕は、視野を一気にズームアウト。とたんに立ち眩みのような感覚に襲われた。陽の光が目を突き刺すようで、まぶしい。やが

★店ごとに扱うニハリマサラが違うため、数軒訪ねただけで何種類ものニハリマサラが手に入る。

て輪郭があらわになった辺りの景色は、やはり一面、クリーム色の世界。パキスタンはクリーム色の国である。そう決めてしまってもいいんじゃないかと思った。

満腹のまま地元の警察署へ向かった。日本のパキスタン大使館でお世話になった方の同級生がここにいる。3階の立派な部屋へ通されると一人の男の人が入ってきた。アザールカーンと名乗ったその男は、カラチ中央グルバーグ管轄の警察署長。ニハリの話で盛り上がり、ひょんなことから★★署長室でニハリをいただくことになった。テイクアウトしたニハリは、油がそれほど浮いてなく、とろみが強い。グリーンチリをどっさりトッピングしたからヒリヒリと辛くてうまい。彼は15歳ごろに初めてニハリを食べたという。スパイシーだから小さいころから食べるようなものではないようだ。

「このニハリより母親のニハリのほうがはるかにおいしいよ」

彼は誇らしげにそう言った。警察署長もニハリに親しんでいる。それがなぜかうれしい。夜の22時過ぎに警察署を出ると、ジープ型のパトカーが先導してくれる。荷台にライフルを持った警官が4人。ウイーウーとサイレンが鳴り続け、青色と赤色の行燈を繰り返し点滅させた。暗闇の中にその赤と青がチカチカと僕の目の裏に像を残した。

★★「一緒に食べに行く？ それともテイクアウトする？」とライトに質問され、戸惑った。

出国前に開いた洋書のパキスタン料理専門書には、ニハリのレシピ名に「MORNING DELIGHT」とあった。「朝の喜び」とはニハリの語源らしい。夜が更ける頃に仕込み、夜通しコトコトと煮込み、朝、いただく。徹底的に時間をかけ、衝撃的なほど濃厚な味わいを生み出す。イスラム教徒の食への執念が垣間見えた。

カラチからラホールへ飛んだのは、ニハリの味が違うと聞いていたからだ。おおまかに言えば、北上するに連れてスパイス感が弱まっていく。ラホールでも何軒も食べ歩いたが、一様に色が濃い。淡い焦げ茶色をしていて辛味は少なく、市販のカレールウで作る日本のカレー★に近い印象だ。スパイスや小麦粉を焙煎したような香ばしさがあって、スパイスそのものの香りは確かに弱まっている印象だが、これはこれでうまい。

ニハリはインドからカラチに移民したイスラム教徒たちが伝え、パキスタン全土に広まった料理である。インドのオールドデリーで食べたニハリは焼き印を押したように力強くスパイスが香っていた。煮込み料理ひとつを追って定点観測を続けることで、エリアごとにスパイスの重要度が変わるのを実感した。料理は地続きにグラデーションをなし、国境の線は後から引かれている。旅して食する行為が僕に教えてくれたことだ。

★小麦粉のとろみが共通点だが、日本のカレーはイギリスのシチュー文化からの影響だから、直接的な関係はなさそうだ。

→ P.120

PAKISTAN | *Beef Nihari*

夜明けを告げるビーフニハリ

夜に仕込む。夜通し煮込む。明け方、朝食として食べる。
こんな濃厚な料理を!? パキスタン、恐るべし。

材料〈10人分〉

- 揚げ油……350ml
- 玉ねぎ(繊維に垂直スライス)……大1個(300g)
  →フライドオニオン完成量85g
- にんにく(すりおろし)……30g
- しょうが(すりおろし)……30g
- 牛バラ肉(大き目ひと口大)……1,500g
- トマト(ホール)……250g
- ニハリマサラ(またはガラムマサラ)……大さじ3

● **パウダースパイス**
- コリアンダー……大さじ1弱
- カチュリパウダー(あれば)……小さじ2弱
- レッドチリ……小さじ2
- パプリカ……小さじ1強
- ターメリック……小さじ1

- 水……1000ml～
- 塩……大さじ1弱
- アタ……大さじ1
  ＋
  湯……200ml

● **トッピング用**
- しょうが(千切り)……適量
- グリーンチリ(輪切り)……適量
- 香菜(みじん切り)……適量

下準備

・鍋に適量の揚げ油(分量外)を熱し、玉ねぎを揚げてフライドオニオンを作っておく。
・湯にアタを加えて溶き、よくまぜておく。

作り方

1 鍋に揚げ油を熱し、にんにくとしょうがを加えてさっと炒める。
2 牛バラ肉を加えて表面が色づくまで炒める。
3 トマトを加えて炒め煮する。
4 ニハリマサラとパウダースパイスを加えて炒め煮する。
5 水を注いで煮立て、ふたをして弱めの中火で2時間ほど煮込む。ふたをあけてフライドオニオンを加えて混ぜ合わせ、塩で味を調整する。
6 湯に溶いたアタを加えて、ほどよいとろみになるまで煮る。
7 器に盛り、トッピングを添える。

(Thanks For Visiting)
آپ کی آمد کا شکریہ

あちらこちらにカリーヴルスト
～ドイツ人の国民食？～
—ドイツ—

想像の中のベルリンはどことなく物悲しい。それはきっとルー・リードのアルバム『ベルリン』や映画『ベルリン天使の詩』のせいだ。稚拙な手掛かりから掴んだ未訪の街に対するイメージに翻弄されてはならない。ここでも僕はカレーを探すのだ。

ベルリンの街をぐるりと歩いてみると、意外にも賑やか。大通りに面した広場に何やら人だかりができている。近づいてみると屋台がある。「あ！」と小さな声を上げてしまった。なんと、気になっていたカリーヴルストの店『ヴィッティーズ』だったのだ。なんじゃこりゃ。たくさんの人たちがひたすら屋台の前のスタンドテーブルでカリーヴルストを立ち食いしている。もちろん、列に並んで注文し、食べた。

カリーヴルストとはカレーソーセージのこと。ベルリン発祥と言われ、ドイツ人の国民食★と言われるほど親しまれている。まさかこんなに早くお目にかかれるとは。天に向かってそびえ立つカイザーヴィルヘルム教会に向かって歩き、視線を散らすと屋台が5

★この見解には異議も多い。ドイツ人の友人は、「あんなつまらない食べ物」と一蹴していた。

軒並んでいる。もしや……。予想通りそのうち2軒がカリーヴルストの店。おいおい。声にならない声を心の中で発しながらまた歩く。鉄道のガード下をくぐると、どこからともなくカレーの匂い。あ、ここにも。変な夢でも見ているんだろうか。

たとえばイギリス人にとってのフィッシュアンドチップス、日本でいえば立ち食いそば。いや、それ以上に身近な存在だ。どの店も一様にソーセージの上にケチャップをドバドバとかけるのに驚いた。ソーセージの味が消えてしまいそうなほど、ドバドバ。塩辛くてカレーの風味が薄い。フォークを滑らせてソーセージについたケチャップを落としながら口に運ぶ。味はうまいが喉が渇くから、ビールやコーラに手が伸びた。

カリーヴルストミュージアムなるものまで見つけてしまった。由来を調べると、イギリスから伝わったカレー粉を使って1949年にベルリンのヘルタという女性が発明したそうだ。一方で1947年にハンブルクで別の女性が考案したという説もある。カリーヴルスト専用ケチャップのレシピ★★がいくつも公開されていたりして、博士のように詳しくなった。地元のスーパーへ行けばカレーケチャップなんて商品も市販されている。なんて国だ！　やれやれと頭を掻きながら僕はまた次の屋台に並んだのである。

★★ケチャップを作るときにカレー粉を混ぜ込むだけでなく、「コーラで煮る」などの隠し味も満載だった。

CURRY-
WURST

Wir

GERMANY | *Currywurst*

→ P.132

ちょっとカリーヴルストしようよ

ドイツ・ベルリンにはカレーソーセージの屋台があちこちにある。
ドイツ人が愛するファストフード。

材料〈作りやすい量〉

- できるだけおいしく大きなソーセージ …… 適量
  ※ドイツのヴァイスヴルスト、ツンゲンロートヴルスト、ブラートヴルスト、ボックヴルストなどが望ましい。
- オリーブ油 …… 大さじ1
- 玉ねぎ（みじん切り） …… 1/2個
- にんにく（みじん切り） …… 1片
- カレー粉 …… 大さじ2
- ● **パウダースパイス**
  - パプリカ …… 小さじ2
  - クローブ …… 小さじ1/8
  - シナモン …… 小さじ1/8
  - ナツメグ …… 小さじ1/8
- トマトケチャップ …… 150g
- トマトペースト …… 大さじ3
- チキンブイヨン …… 100ml
- リンゴ酢 …… 大さじ1
- はちみつ …… 大さじ1強
- 練りマスタード …… 小さじ1
- 塩 …… 少々

下準備

カレーケチャップを作る

小鍋にオリーブ油を熱し、玉ねぎとにんにくを加えてしんなりするまで炒める。パウダースパイスを加えてさっと炒め合わせる。残りの材料をすべて加えて煮立て、弱めの中火にしてふたをして15分ほど煮る。粗熱を取ってミキサーでペーストにする。鍋に戻して煮詰める。

作り方

1 ソーセージを焼く。表面がこんがり色づくまで。生ソーセージの場合は、焼く前にボイルしておく。
2 食べやすいサイズに切って器に盛り、カレーケチャップをかける。さらに適量のカレー粉（分量外）をふりかける。

第4章 カレーをめぐる旅

60
60
120

250
40

タイにカレーはあるのか？ 問題
～ゲーンとカレーとの境界に線はない～

―タイ―

天から降ったわけでも地から湧いたわけでもなく、突然タイカレーにハマった。数年前のことだ。撮影で何種類かのタイカレーを作り、改めてその調理手法に大いなる可能性を感じたのだ。生のスパイスをすり潰す★ことでしか生まれない風味に好奇心が揺さぶられ、「面白い！」と俄然前のめり。突き詰めれば、新しいカレーのスタイルを確立できるかもしれない。衝動的に「これからはタイへ通うことにしよう」と決めた。

旅路のポケットには常に「質より量★★」というフレーズを携えている。ひたすら歩き、食べ、学び、考える。経験値を上げることで見えてくるものがある、と信じているからだ。立ち込める靄の中からぼんやりとシルエットが浮かび上がるように。

そもそもタイカレーとはなにか。グリーンカレー、レッドカレー、イエローカレーというお馴染みの3色カレーは、すべて「ゲーン」と呼ばれる汁物料理の一部★★★。タイ人がそれらをどこまで「カレー」と認識しているかを知りたいし、逆に日本人の僕がカレー

★
スパイスかハーブか、ではなく、生か乾燥か、という別の興味軸が僕の中に生まれた。

★★
「量」をこなしてこそ、その先に「質」が見えてくるんじゃないか、と考えている。

だと認識できる料理を他にも見つけたい。果たしてタイにカレーはあるのだろうか？

行き先は、カオソイと呼ばれるカレーラーメンがある北部のチェンマイとにした。3月のチェンマイは暑い。35℃というからそれほどの温度ではないが、若干湿気もあって、肌に熱気がまとわりついてくる。到着するなり貪欲に探し、精力的に食べた。ナイトマーケットではしごし、ホテルの朝食で見つけ、ムスリム街で頼み、市場で食べ、専門店へ足を運んだ。ものの数日だが、カオソイハンターと名乗れるくらいには摂取した。

もうひとつ目的があった。ゲーンハンレー(ミャンマー風カレー）である。カオソイと同じくミャンマーからの影響が強いカレーで濃厚な味わい。ガイドも兼ねたタクシーに乗り込むと、運転手と料理の話になった。「カオソイとゲーンハンレーを食べたい」と告げると、「アロイ、アロイ」と「おいしい」を連呼する。町場のだだっ広い食堂のような場所で車が停まった。巨大な屋根だけがある吹き抜けのテントに100席以上。中に入ると専門メニューごとに屋台が立ち並んでいる。入口には、カオソイだけをせっせと作る場所があった。ドライバーは早くも注文している。彼はビーフカオソイが好きだそうだ。

★★★
おびただしい種類のゲーンの中で外国人が「カレー」と認識する料理がごく一部ある、という印象。

うろうろと物色すると、ゲーンハンレーを発見。隣に並ぶゲーンホという料理は、前日に余ったカレーを他の食材とごった煮したものらしい。前日のカレーをアレンジだなんて、親近感がわく。手前にはゲーンキョワーン★（グリーンカレー）もあった。ゲーンハンレーはかなり甘く、ゲーンホはレモングラスやハーブの香りが豊か。ついでに魚のゲーンペッ（レッドカレー）に麺を合わせた料理を頼み、カオソイ屋台へ戻った。

店員の慣れた手つきが美しい。器を準備し、茹でた黄色の平たい麺を入れる。煮込んだ鶏手羽元をふたつぽんと置き、グラグラと煮ているカレーソースをかける。予想以上にとろみがある。手前に白い液体が入った鍋があって、ココナッツミルクが控えめにふつふつとしている。器の中でジャーッと混ぜ合わせると、オレンジ色の油が点々と浮かび上がる。まるで現代アート。仕上げに揚げた麺を手づかみでどっと乗せた。

横にいた女性が箸を2本、橋のように器のふちに渡すと、今度は手前の女性が平皿を乗せる。上には、スライスした玉ねぎとライム、ハーブ類のトッピング。テーブルにぽんと置いて完成だ。作業がシステマチックに練られていて、頼んでからものの2〜3分ほどで到着。ここはガイド本に出ていないが地元民に愛される店のようだ。

★キョワーン（キョウワーン）は、淡い、優しい緑色、という意味。

食べ続けること7杯目か8杯目にして、手放しで称賛したくなるほどおいしいカオソイに出会えた。が、あいにく店の名は記憶していない。

カオソイは、タイ北部のチェンマイで生まれた★★料理と言われている。西側にあるミャンマーからカレー文化が伝わった。ラオス・ルアンパバーンでも同名の麺料理を食べたが、ハーブスープのようなものでカレー風味は感じなかった。ミャンマー東部は中国南部とタイ北部に隣接していながら、その間に挟まれたラオス西部とも隣り合っている。伝播ルートの違いからか、カレーを感じさせるスパイス感に差が出るのが面白い。

バンコクに戻り、カオソイの作り方を習った。知人の紹介で北部料理を出すレストランのシェフが教えてくれた。調理を始める前にペースト用の材料をずらりと並べてくれる。壮観な景色だ。タイ料理に使う食材は日本で手に入りにくいものが多い。たとえばインド料理なら産地を問わず代用可能な食材やスパイスで作れるが、タイ料理の場合、カーやレモングラス、バジルなどタイ産であることがモノを言う。原因は、加熱による風味の変化が起きにくいことにある。プロセスがシンプルな分だけ使用食材の差が出や

★★ 正確なところはわからない。マレー半島にも似たような麺料理がある。関係性が気になる。

| THAILAND | *Gaeng Neua*

→ P.144

辛ければ辛いほどゲーンヌア

バンコクで出会ったタイ人料理人が伝授してくれた味。
タイ南部の辛くておいしいビーフカレー。

材料

● ペースト
- ブラックペッパー……小さじ1弱
- 赤唐辛子（種を取り、水で戻しておく）……12本
- にんにく……4片（30g）
- 塩……小さじ1弱
- レモングラス……1本（20g）
- 紫玉ねぎ……50g
- 生ターメリック……3片（20g）
- カー……1個（15g）
- カピ……100g

ココナッツミルクA……200g
煮汁……600g
牛バラ肉（煮込み後の状態）……600g

● 煮込み用
- にんにく、レモングラス、カー、こぶみかんの葉、塩　各適量

カー（スライス）……15g
生グリーンペッパー……3本（30g）
ココナッツミルクB……100g

● 仕上げ用
- こぶみかんの葉（乾燥）……15枚
- ココナッツシュガー……25g
- レモングラス（叩いて5ミリ幅の斜め切り）……1/2本
- ブラックペッパーパウダー……少々

下準備

・ペーストを作る。クロックにペーストの材料を上から順に加えてつぶしてペーストにする。
・牛肉を煮る。鍋に牛肉とたっぷりの水（分量外）を入れて火にかけ、沸騰したらアクをひき、煮込み用の材料を加えて混ぜ合わせ、2時間ほど煮込む。牛肉を取り出し、粗熱を取ってスライスしておく。煮汁も取っておく。

作り方

1 鍋にココナッツミルクAとその半量程度の水（分量外）を入れて煮立てる。
2 ペーストを加えて混ぜ合わせ、煮る。
3 牛の煮汁を加えて煮立て、スライスした牛肉とカー、生グリーンペッパーを加えて弱めの中火にし、5分ほど煮る。
4 ココナッツミルクBを加えて混ぜ、仕上げ用の材料を加えて中火で15分ほど煮る。

THAILAND | *Gaeng Massaman* → P.141

おっとゲーンマッサマンの衝撃！

タイ南部でムスリム食文化の影響色濃いカレー。
ペーストの材料をすべて素揚げにする手法は目からうろこ。

材料

● **ペースト**
- ナツメグ……1/3個
- コリアンダーシード……5g
- ホワイトペッパー……3g
- カー（スライス）……3g
- 鷹の爪（ざく切り）……5本
- レモングラス（スライス）……40g
- フライドオニオン……50g

チリオイル……大さじ2
油……大さじ1
ココナッツミルクA（缶の濃い部分）……120ml
ココナッツミルクB（缶の残り部分）……280ml
水……200ml
ピーナッツ……25g
鶏もも肉……725g
ココナッツシュガー……20g
塩……5g

● **ホールスパイス**
- グリーンカルダモン……2g
- クミンシード……2g
- シナモン……1g
- スターアニス……2g

じゃがいも（茹でたもの）……小5個（200g）

RECIPE

ポイント

できれば、ペーストの材料をすべて素揚げにしておくとよい。

下準備

・ペーストを作る。クロックにペーストの材料を上から順に加えながらつぶしていく。
・じゃがいもは茹でて皮をむき、小さめのひと口大に切っておく。

作り方

1 鍋に油とチリオイル、ココナッツミルクAを中火で熱し、ペーストを加えて炒める。
2 ココナッツミルクBを加えて煮る。
3 水を加えて煮立て、ピーナッツを加えて混ぜ合わせる。煮立ったら、鶏肉を加えて、ココナッツシュガーと塩、ホールスパイスを加えて、10分ほど煮る。
4 じゃがいもを加えて弱めの中火でポコポコとした状態をキープし、10分ほど煮る。

85
75.
65.

すいのだ。この手の調理を目の当たりにすると、「料理は素材がすべてだよ」と言われているような気がして、なんだか羨ましく、そして悔しくもなる。

タイ北部への取材で味をしめた僕は、翌年、次の目的地をタイ南部に決めた。ムスリム食文化★に影響を受けたカレーがいくつかある。トランジットしたバンコクで、タイミングよくレゲエという料理人を紹介してもらったのは幸運としか言いようがない。滞在中、タイ南部出身の彼が、料理人だったお母さんと一緒に南部料理を教えてくれることになったのだ。

レゲエは自宅で様々な植物を育て、畑を借りて野菜を育て、料理を作ってオンラインで販売したりイベントをしたりしている。お母さんは長年、自作の料理を市場で売っていたというホンモノ。眼鏡をかけて品がよく、白髪でゆっくりした動きだが、しゃんとしている。レゲエに教えてもらう料理は、ゲーンヌア（ビーフカレー）。お母さんからはゲーンソム（エビ）、ゲーンマッサマン、ゲーンタイプラー（発酵魚）だ。

ペースト用の材料はすでに準備されていた。調理に使うクロック（石臼）は、石の質

★イスラム教徒は世界中の食文化に多大な影響を与えていると思う。

によって出来が違うらしく、質の良い石臼は高いが滑らなくて使いやすいそうだ。「クロックを叩く音で料理の実力がわかる」というのは、有名な話である。

マッサマンはペーストで作る。驚いたのは、ほとんどの材料を揚げていることだった。ホムデン（小玉ねぎ）、コリアンダーシード、クローブ、ガーリック、チリ、カー(しょうが）のすべてを素揚げにしてから潰す。インドのムスリムエリアやパキスタンではフライドオニオンを多用するが、タイ南部でも「揚げる」という調理が踏襲されているとは予想外だ。だからと言って「マッサマンのペーストは素揚げの材料で」が正解とは限らない。あくまでも僕が目撃し、考察したものからそう解釈した、というだけのこと。市場で大量のダックを目にした後、レッドカレーの具にダックを見つけるたびに膝を打ったこともあるが、これも同じく。

フライド&ペーストという新鮮な手法を目の当たりにし、感激しながらマッサマンの鍋を見つめる。ココナッツミルクと具を加えて煮込んだ後に、さらなる驚きが待っていた。こぶみかんを丸ごとドボン。え……。全く見たことのない手法に目を見張った。

トリはレゲエのゲーンヌア。準備は抜かりなく、所作が手馴れている。調理途中の鍋

★★
アンシラ群という地域で生産される、花崗岩を加工したクロックは耐久性が高いらしい。

★★★
レッドカレーの具にはアヒルの肉(食用の鴨肉)が使われているのをよく目にする。

★★★★
「香りがいいから」と言っていたから食べるわけではない。贅沢な手法。

中がきれいだ。小なすや粒なす、生ペッパーの緑が印象的。何より長時間煮込まれたやわらかい牛塊肉と共に液体が流線型に混ざり合う様は、絵画を描いているようだった。途中、カーのスライスがどっさり入って完成。ロティというクレープ状のパンでいただく。未経験のカレーで、美味なる記憶が残像となって脳裏に沁み込んでいる。

ずっと気になっていたことをレゲエに聞いてみた。

「ゲーンとカレーとあるけれど、どこまでがゲーン？　どこからがカレー？」

「調理にカレー粉を使うものがカレー。それ以外はすべてゲーンだよ」

シンプルにして説得力を持つ回答だった。彼はゲーンマッサマンもゲーンヌアもゲーンキョワーンもゲーンペッもどれもカレーとは認識していないことになる。

「他にタイにあるカレーを挙げるとするなら、ジャパニーズカレー★かな」

すなわち、タイにはカレーはほぼないというわけだ。あとはカレー粉を使ったプーパッポンという卵とじ料理くらいか。一部のゲーンがカレーと呼ばれていることについては「外国人がそう認識しているからそれでいいんじゃないか」と言う。「じゃ、今日の

★タイのバンコクには日本のカレー（いわゆるルウカレー）を提供する店がたまにある。

ゲーンヌアは、ビーフカレーってことでいいの？」と聞くと軽い調子で頷いた。

ゲーンとカレーとの境界に線を引くことにあまり意味はない。野暮な質問をしたものだ。彼はタイ料理をおいしく作ることの研究に余念がない。本業がクリエイターだから、モノ作りに対して独自のアプローチを取ろうとするのだろう。

「たとえば僕は今日のゲーンヌアにはコーヒー液を少しだけ加えることがあるよ」

後を引く、クセになる風味が生まれるらしい。「ホールズというミントキャンディを入れたらうまくなる」と言う研究仲間もいるらしく、どこの国も同じだなと思った。食後、僕らはホテルのベランダに出て、清々しい気持ちでチャオプラヤ川を眺めた。

バンコクから国内線でソンクラー県のハジャイへ。ついに初めてタイ南部を旅するときがきた。タイ南部は最南端がマレーシアと隣接していることもあり、イスラム教徒の食文化が融合。中国料理の影響もあるようだ。習ったばかりのゲーンマッサマンを体験してみたい。到着後、あいさつ代わりに市場をぶらつく。ガイトートハジャイという鶏唐揚げとカオモックというタイ風ビリヤニ（カレー炊き込みご飯）の店がある。インド

のビリヤニをライトにしたような風味で、食べやすかった。

翌朝、ハジャイから県境を越え、ヤラーとパッタニーというさらに南部の街へ向かう。道中、街角の定食屋へ寄った。辺りはドライバーの地元らしく、店員も客も顔見知りのようだ。ここに南部の典型的なゲーンマッサマンが待っていた。少量で具がない。エキスのようなソースをロティ★につけて食べる。僕の知るマッサマンは、鶏肉やじゃがいもがゴロゴロしていたはずだが、あれはタイ中部で見られるタイプらしい。

答え合わせをしてみたら、答えが合わない。じゃ、間違いかといえばそうでもない。食文化はいろんな顔を見せてくれる。現地を旅すればするほどそう実感する。タイでは見事にバラエティ豊かなカレーたちに遭遇した。中華系の店では「伽哩魚」なる魚のカレーを食べ、洒落たレストランではクアクリンというドライポークカレーをいただいた。このクアクリン、後日、スープ版にも出会うこととなる。すべては、クロックでつぶしたペーストが司っているのだ。石臼の中は小宇宙のように異質なエッセンスを飲み込んでしまう。今日もどこかでカン、カン、カン！ 打ち付ける音の数だけ新たな風味を醸し出していると思うと、じっとしてはいられない。

★隣国マレーシアではロティチャナイと呼ばれる、生地を何層にもして焼くクレープのようなパン。

THAILAND | *Gaeng keow wan*

ゲーンキョワーンは優しく美しい

淡い緑色をした油がふわりとソースに浮かぶグリーンカレー。
上手に作れると不思議と心が落ち着く。

材料〈4人分〉

● **グリーンカレーペースト**

コリアンダーシード	1g
クミンシード	1g
ホワイトペッパー	1g
塩	3g
グリーンチリ(輪切り)	6g
ししとう(輪切り)	20g
バイホラパー	3g
レモングラス(輪切り)	20g
カー(スライス)	15g
パクチーの根(みじん切り)	5g
にんにく	8g
ホムデン(皮をむく)	12g
ガピ	6g

油	大さじ2
ココナッツミルクA(濃い部分)	100g
ココナッツミルクB(残りの部分)	250g
鶏もも肉	300g
水	50ml
ナンプラー	10g
ココナッツシュガー	8g
なす(皮をむき、乱切りして塩水につける)	150g
赤ピーマン(繊維に沿って細切り)	小1/2個
バイマクルー(筋を取る)	5枚
バイホラパー(葉のみを使用)	20g

下準備

・ペーストの材料を上から順にクロックに加え、つぶしておく。

作り方

1 鍋にココナッツミルクAと油を入れて炒める。
2 ペーストを加えて香りが出るまで炒める。
3 鶏肉を加えて強めの中火で5分ほど炒める。
4 水とココナッツミルクBを加えて混ぜ合わせる。ナンプラーとココナッツシュガーを加え、煮立ったらなすを加えてふたをし、中火で3分ほど煮る。
5 ふたをあけて赤ピーマンとバイマクルー、バイホラパーを加えてさっと混ぜ合わせる。

RECIPE

THAILAND | ***Khao soi***

カレーヌードル、その名はカオソイ

タイ北部チェンマイ生まれと言われるカレーラーメン。
地元民にも親しまれ、ラーメンというよりヌードル。

材料

レッドカレーペースト	30g
ココナッツミルク	150g
カレー粉（タイ産）	3g
チキンブイヨン	400ml
鶏もも肉（茹でたもの・ひと口大に切る）	75g
ココナッツシュガー	小さじ1
ナンプラー	小さじ1強
卵麺（生）	1玉分
卵麺（フライ用）	1/5玉分
● **トッピング**	
紫玉ねぎ（スライス）	1/6個
パカドン（タイの高菜）	大さじ1強
レモン（くし形切り）	1片
パクチー（ざく切り）	適量

下準備

・フライ用の麺を適量の揚げ油（分量外）で揚げておく。

作り方

1 鍋にレッドカレーペーストとココナッツミルク、カレー粉を混ぜ合わせ、煮る。
2 ブイヨンを加えて煮る。
3 ココナッツシュガーとナンプラーを加えて混ぜ合わせる。
4 鶏もも肉を加えて、煮立つ直前に火を止める。
5 生麺を湯がいて火を通し、ざるで水気を切って器に入れる。鶏肉とカレースープを注ぎ、トッピングの材料を添え、揚げた麺を添える。

THAILAND | *Khua Kling*

クアクリンはいつまでも逃げ惑う

タイ南部を代表する挽肉料理でありながら、
旅の途中でなかなか見つけられず、探し回ったのが懐かしい。

材料〈4〜5人分〉

油	10g
豚肩ロース肉	500g
赤ピーマン(繊維に沿って薄切り)	1/4個
● ペースト用	
赤唐辛子(水に戻しておく)	10g
レモングラス(スライス)	20g
カー(スライス)	10g
生ターメリック(皮をむく)	10g
黒こしょう(乾燥)	2g
生胡椒	2g
ホムデン	15g
にんにく	10g
ガピ	10g
● 材料A	
ナンプラー	10g
ココナッツシュガー	5g
バイマクルー(筋を取り、千切り)	3g
生胡椒(ほぐす)	5g

下準備

・豚肩ロース肉は包丁で細かく切っておく。
・ペーストを作る。ペーストの材料を上から順に加えながらつぶしていく。

作り方

1 フライパンに油とペーストを入れて弱火でじっくり香りが出るまで5分ほど炒める。
2 豚肩ロース肉を加えて全体を少し混ぜ合わせ、火を強めて炒める。肉に火が入り油脂分がにじみ出てくるまで。
3 材料Aを加えてさらに炒め、赤ピーマンを加えてさっと炒める。

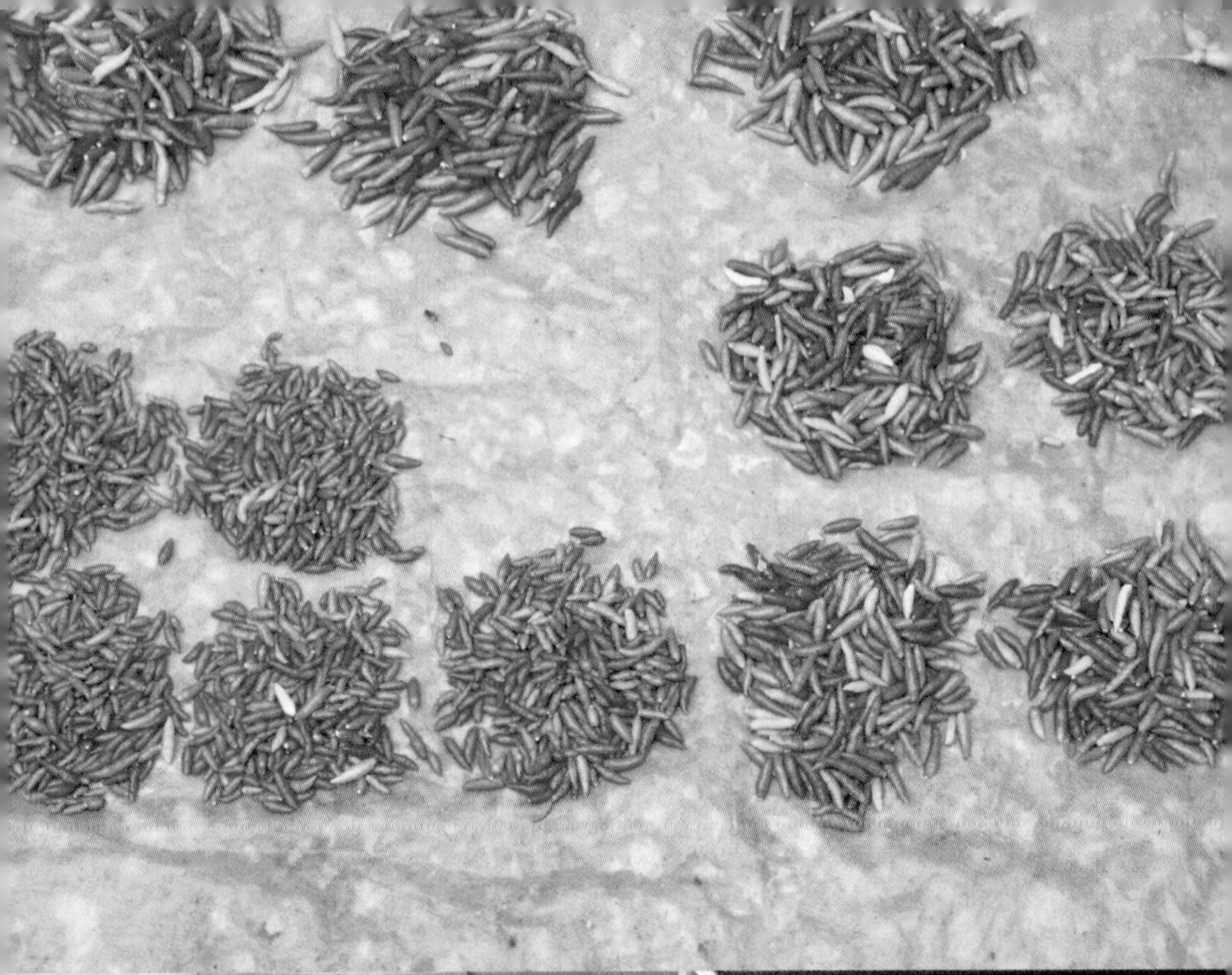

ພິມບິນ ບັດເຊີນ ນາມບັດ
WE CAN CREATE ARTISTIC NAME
FAMILY NAME
GRANDCHILDREN'S NAME
ANIMAL SIGNS OR
YOUR COMPANY'S
BUSINESS CARD OR LOGO

Noodle soup with pork
15.000K
Noodle soup with Chicken
15.000K
15.000K
Pad thai
MENU

ピンクカレーは実在した！
〜ナマズの卵の発酵調味料が生んだもの〜
―ラオス―


　ピンクのカレーがあると聞いて、ラオス・ルアンパバーンにやってきた。ホテルのボーイに尋ねてみる。「CURRY」と書いて見せると、彼は首をかしげた。

「聞いたことがありません。これって、食べ物のことですか？」

　そのひと言が僕の心に暗い雲を生み、少々遠回りな探求道の始まりを告げた。気を取り直して市場へ向かう。ピンクカレーについて入手している情報は、「パルーム」というナマズが関係しているということだけだった。ところが「パルーム」、「パルーム」と言いながら場内を駆けずり回っても一向に伝わらない。検索したピンクカレーの写真を見せると、「ソムカイパーのこと？　それならあるわ」と出してくれた。

　ソムカイパーとは、パルームの卵を使った発酵調味料★。ベリーを混ぜて作っているようで、ショッキングピンク色をしている。これを使えばピンクカレーはできるということなのだろうか。ピンクカレーの写真が撮影されたと思しきレストランを訪ねた。

★ソムカイパーは、P168上部写真。ラオスでは魚介類の発酵調味料を多用する傾向がある。

「この写真は確かにうちのものだが、調理はできない。材料が手に入らないから」

にべもなく断るスタッフに僕はカバンからピンク色のブツを取り出して見せた。すると彼は目を丸くして女性シェフのリューリーを連れて来た。レッスン開始。ココナッツミルクと共にソムカイパーを煮ると美しいピンク色が鍋中に広がる。優しくまろやかで、酸味と甘みのバランスが程よい初体験の味。名は「リーン・ソム」★★と言うそうだ。「これはタイカレーとは違う、ラオスのカレーなの」とリューリーは胸を張った。

他にもピンクカレーを出すリゾートホテルを見つけた。エリアスというスウェーデン人オーナーが熱っぽく語ってくれた。レシピは1940年頃の資料をベースにしている。失われてしまったルアンパバーン王国の王宮料理をフランス人シェフがひそかに復刻させた。だから、今はまだこの地でリーン・ソムを知る住民はほとんどいない。

その国の食文化は諸事情によって生まれたり消えたりする。ひょんなことから別の国の人が復刻させ、守り伝えることだってある。卵から生まれるものは魚ではなく、消えたはずのカレーになったりする。噂を耳にしてのこのこと駆けつけた僕が遭遇する偶然もありうるのだ。いつもそうラッキーなことばかりではないけれど。

★★正式名は「リーン（発酵した）・ソム（魚卵）・ムー（豚肉）」。P169下部写真のカレー。

| LAOS | ***Pink Curry***

→ P.169

ピンクカレーのリバイバル

いにしえの料理『Lean(Fermented)・Som(Fish egg)・Moo(Pork)=発酵魚卵と豚肉』を再現調理。

材料〈2人分〉

ヒマワリ油	大さじ3
ソムカイパー	100g強
ココナッツミルク	300ml
塩	小さじ1弱
豚肉(細切れ)	100g
カランガー(1センチ幅乱切り)	30g
レモングラス(1センチ幅乱切り)	30g
にんにく(1センチ幅乱切り)	30g
シャロット(1センチ幅乱切り)	40g
なす(2センチ幅乱切り)	1本
ズッキーニ(2センチ幅乱切り)	1本
いんげん(2センチ幅に切る)	5本
バイマックルー	7〜8枚

作り方

1 鍋にヒマワリ油を熱し、ソムカイパーを炒める。
2 ココナッツミルクを少しずつ加えながら煮立てる。
3 塩を加え、豚肉を加えて混ぜ合わせる。
4 カランガーとレモングラスを加えて混ぜ合わせる。
5 にんにく、シャロット、なす、ズッキーニ、いんげんを加えて煮る。
6 バイマックルーを混ぜ合わせる。

カレーは国境を越えて
～姿を現さないカリルの居場所～
—ポルトガル—

旅は旅を誘発する。現地を訪れれば自ずと次に行きたい場所が出現する。マジシャンの口から出る万国旗のように行き先が連なって止まらない。ポルトガルに来たのはマカオを旅したのがキッカケだし、滞在中、次の目的地としてモザンビークが急浮上。ときに侵略の歴史と向き合うことにもなるが、そんな風にカレー自体が伝播してきたのだ。

ポルトガルでは「ＣＵＲＲＹ」のことを「ＣＡＲＩＬ★（カリル）」と言う。リスボンの市場で早速カリルのパイに遭遇。手のひらサイズでフィリングにカレー風味の肉が詰まっている。作り方を聞くと店員は、「中国食材店が製造している」と正直な回答。まさかの中国にたどりつく展開は、アイルランドのパブでカレーを食べたときと同じだ。

カリルは割とメジャーな存在なのかと足取りが軽くなったが、その後、レストランを何軒のぞいてもなかなか見つからない。これはロンドンでブリティッシュカレーを探したときに似ている。カリルは、時おりアフリカ系の料理店で見つかることに気がついた。

★カレーの語源となったのは、インドのタミル語で「カリ」。日本で最も古く記述が残るカレーの表記は、「コルリ」。共通点がありそうだ。

Confeitaria Faví

CARIL DE
BORREGO
LAMB &
CURRY

BACALHAU
ESPECIAL
ISLÂNDIA
17.80 €
BACALHAU
GRAÚDO
ISLÂNDIA
15.90 €

MUSIC FOR A CHANGE

一方、西インド・ゴア州にはポルトガルの影響を受けて生まれたポークビンダルーというカレーもあるが、その原型と言われるカルネ・ド・ヴィーニャ・ダ・アーリョシュにも出会えない。マデイラ島の料理だというから海を渡る必要があるのか。

リスボン最大の書店へでも情報は入手できず。寂しいけれど、この国においてカレーは決してメジャーではないのだろう。欲しいものが常に手に入るとは限らない。気分転換にポルトへ行くことにした。駅付近のレストランに「CARIL」の文字を見つけて食べる。イギリスのチキンティッカマサラ★を思わせる味。またもや頭が混乱する。

「これは、インドカレー？　ポルトガルカレー？　それともモザンビークのカレー？」

返答は、ポルトガルにおけるカレーの居場所を射止めたような言葉だった。

「すべてミックスよ」

ポルトではイワシ祭り真っ盛り。街のいたるところでイワシを焼いている。人々が街にあふれ出し、おもちゃのハンマーで互いの頭をピコピコと叩きまくる。叩かれ続けているとカリルの記憶も消えていくようで、なぜか晴れやかな気持ちになった。諦めたわけではない。姿を現さないカレーに後ろ髪を引かれるのは嫌いじゃないのだ。

★今でもロンドンのパブでは人気メニュー。インドのバターチキンが原型と言われる。P49上部写真のカレー。

PORTUGAL | *Pork Vindaloo*

迷宮入りのポークビンダルー探求

ポルトガル料理の影響で生まれた西インド料理はポルトガルにもあるはず。探せども探せども見つからず。

材料〈6〜7人分〉

豚肩ロース肉(ひと口大に切る) …… 800g

● マリネ用
- 玉ねぎ(すりおろす) …… 大1/2個(150g)
- 酢 …… 50ml
- 塩 …… 8g

● ホールスパイス
- ブラックペッパー …… 1.5g
- マスタードシード …… 1.5g
- クミンシード …… 1.2g

植物油 …… 80ml
玉ねぎ(スライス) …… 大1/2個(150g)
にんにく(すりおろし) …… 50g
しょうが(すりおろし) …… 20g
ホールトマト …… 200g

● パウダースパイス
- ガラムマサラ …… 12g
- レッドチリ …… 10g
- パプリカ …… 8g
- コリアンダー …… 8g
- クミン …… 8g
- ターメリック …… 4g

水 …… 600ml前後
酢 …… 60ml
砂糖 …… 大さじ1

RECIPE

下準備

・ホールスパイスを軽く煎ってミルで挽き、マリネ用の材料と混ぜ合わせ、豚肩ロース肉によくもみ込んで2晩マリネする。

作り方

1 鍋に植物油を中火で熱し、スライスした玉ねぎを加えてこんがり濃いきつね色になるまで炒める。
2 にんにくとしょうがを加えてさっと炒める。
3 パウダースパイスを加えて炒める。
4 ホールトマトを加え、トマトをつぶしながら炒める。
5 豚肉をマリネ液ごと加えてざっと混ぜ合わせ、表面全体が色づくまで炒める。
6 水を加えて煮立て、酢と砂糖を加えてふたをして弱めの中火で30分ほど煮込む。
7 ふたを開けて適度なとろみになるまで煮詰め、必要なら塩(分量外)で味を調整する。

―ミャンマー―

海路のカレーと陸路のカレー

ミャンマーへ飛んだのは、南インド・チェティナード地方の料理を探すためだった。かつてインド人がこの地に移り住んで独自に育てたと言われている。その片鱗を見つけ出し、期待通りの味わい★に出会えた。南インドから海を渡ったカレーである。

一方、ヤンゴンの老舗ミャンマー料理店では、ヒンと呼ばれるミャンマーカレーにありついた。存在は知っていたが、店内の看板を見て唖然。「TODAY SPECIAL CURRIES」と称して28種類ものメニューが並んでいるのだ。視線を落とすとバットに様々なカレーがずらり。オイル煮と表現されることもある通り、着ぶくれしたようにオレンジ色の油をまとった鶏肉やエビを、精力的に食べた。スパイスの香りや油の主張など、こちらは東インドから地続きで伝播されたと思しきカレー。さらにペーストや発酵調味料のフレーバーは東側の隣国タイからの影響があるのだろう。

海路のカレーと陸路のカレー、装いは違うが同じ国に存在する。カレーも旅をするのだ。空路でやってきた僕がそれらを食べて感慨に浸るのは、妙なことかもなぁ。

★ミャンマーで探しまくって、ようやく見つけたチェティナード料理の店。P176下部写真が注文した料理。

| MYANMAR | *Myanmar Style Chicken Curry*

いつか、ミャンマーチキンカレー

ミャンマーの超高級ホテル「ストランド」。
恐る恐るブティックに入り、見つけたレシピブックから。

材料〈6～7人分〉

骨付き鶏もも肉(ぶつ切り)
● ……1kg
マリネ用
ターメリック……小さじ1/2
塩……小さじ2
フィッシュソース……大さじ1
植物油……100ml
玉ねぎ(スライス)……100g
レモングラス(スライス)……2本
シナモンリーフ……2枚
● **ペースト用**
ブラックペッパー……小さじ1強
クミンシード……小さじ1
にんにく……6片
しょうが……大1片
● **パウダースパイス**
レッドチリ(辛味控えめ)
……大さじ1
パプリカ……大さじ1
水……200ml
● **ビルママサラ**
コリアンダーシード……小さじ1/2
ブラックペッパー……小さじ1/2強
クミンシード……小さじ1/2強
ポピーシード……小さじ1/2
シナモン……2センチ
グリーンカルダモン……2粒
クローブ……1粒

下準備

・ボウルに骨付き鶏もも肉とマリネ用の材料を加えてよくもみ込み、1時間ほど置いておく。
・ペースト用の材料を石臼でつぶしておく。
・ビルママサラをミルで挽いておく(または石臼でつぶしておく)。

作り方

1 鍋に植物油を熱し、玉ねぎを加えてキツネ色になるまで炒め揚げ、ざるですくって取り出しておく(フライドオニオン)。油は残したまま。
2 空いた鍋にレモングラスとシナモンリーフを加えてさっと炒め、ペーストを加えて炒める。
3 マリネした鶏肉を加えて炒め合わせ、パウダースパイスを加えて混ぜ合わせる。
4 水を注いで煮立て、ふたをして弱火で30分ほど煮込む。
5 ふたを開けてフライドオニオンを戻し入れ、マサラを加えて全体を混ぜ合わせる。必要なら塩で味を調整する。

カレーラーメンは情報と経験の間に

—香港—

牛バラカレー麺なる料理が香港に存在することは、前から知っていた。なのに香港を旅する機会を作らなかったのは、怠慢としか言いようがない。情報と経験との間には、山脈級の隔たりがある。いつだって僕はこの目で確かめ、体感したものを信じたい。店の名は『九記牛腩』。メニューには「咖哩」の文字が並ぶ。汁ありのひもかわうどんタイプを頼むと、小ぶりの器にとろっと煮込まれた牛バラ肉がどっさり盛られてきた。箸を突っ込んでほじくると、真っ白な麺が現れた。濃厚なうま味の裏側にほのかにカレー粉の風味がいる。僕は続けて2杯目に汁なし卵麺の方を注文した。

上環にあるスパイス専門店でカレー粉を買い、向かいにあるカレー専門店に入り、ビーフカレーライスを食べた。香港では思いのほかカレーによく出くわす。カツカレーもカレーパンも。どこで聞いても「これは香港スタイルのカレーだ」と言う。ココナッツミルクベースでカレー粉が穏やかに香る。インド★やイギリス、中国の食文化の影響を受け止め、逞しく独自に進化させている。どこかの国と似ているな、と嬉しくなった。

★九龍尖沙咀地区にあるチョンキンマンションというビルでは、インド・チェティナード料理も発見。P181の写真。

Best-Ever Dining Awards 2016
入圍食店

FOOD
New Chettinad
Halal
Bonaqua
Bonaqua
Bonaqua

HONG KONG | *Curry Noodles with Beef Belly*

思わずおかわり、牛バラ肉のカレー麺

前からずっと食べたかった香港の人気店。
ついに牛カレー麺にありついた。そして、2人前食べてしまった。

材料〈4人分〉

- 牛バラ肉（大き目ひと口大）……500g
- しょうが（厚切りスライス）……3片
- 湯……適量
- 植物油……大さじ3
- ● **ホールスパイス**
  - スターアニス……1個
  - シナモン……1本
- にんにく（みじん切り）……2片
- しょうが（みじん切り）……2片
- 玉ねぎ（ざく切り）……小1/2個（100g）
- カレー粉……大さじ2
- 塩……大さじ1
- ● **調味料**
  - 中国醤油……大さじ2
  - XO醤……小さじ2
  - 砂糖……小さじ2
  - 紹興酒……大さじ1
- 水（あれば鶏ガラスープ）……1500ml
- ココナッツミルク……50ml
- 中華麺……4人分

下準備

・牛バラ肉はたっぷりの湯としょうがと一緒に強火で5分ほど煮て、ざるに上げておく。

作り方

1 鍋に油を中火で熱し、ホールスパイスを加えて炒める。
2 にんにく、しょうがを加えて炒め、玉ねぎを加えてキツネ色になるまで炒める。
3 カレー粉と塩を加えてさっと炒め合わせる。
4 牛肉を戻し入れて絡め合わせ、調味料を加えて炒め、アルコール分を飛ばす。
5 水を注いで煮立て、ふたをして、弱火で90分ほど煮込む。水分が足りなくなってきたら適宜、水（分量外）を加えながら。
6 ふたをあけてココナッツミルクを混ぜ合わせる。
7 茹でた中華麺と共に器に盛る。

―マカオ―

カレーおでんの衝撃！

衝撃が強すぎる。日記の冒頭にそう書いてある。気まぐれに香港から立ち寄ったマカオ。セナド広場からの大堂巷通りにカレーおでん★の屋台が立ち並んでいたからだ。注文の具を湯がいてボウルに入れ、ルウカレーのようなソースとおでんのだしを加えて提供するスーパーファストフード。日本のおでんが伝来したとの説もあるが、マカオの食文化は歴史的にはポルトガルからの、地理的には中国からの影響が強いはずだ。

さらなる衝撃は、マカオ料理店で食べた時価８０００円のカニカレー。想像を超えておいしく、唸ってしまった。思わずマトンチョップのカレーも頼む。聞けば「カレー粉と炒めただけ」とのこと。中国由来のうま味調味料が加わっているのだろう。アイテムごとに役割を分担し、最低限の火入れでゴールテープを切る。カレーの調理方法としては理想形のひとつ★★である。カレーおでんも同じ構造をしているが、ポルトガル料理のエッセンスはどこに⁉ 何の期待もなくふらり訪れたマカオで、確かに僕は衝撃を受けた。疑問を右手に、確信を左手に携え、ニヤニヤとしたのである。

★P184の写真。

★★カレー調理の分解と再構築は僕の趣味。こんなことして喜んでいるのは自分だけだと思うと我ながら気持ち悪い。

錦華牛雜
恆友
錦華牛雜
小 30元
中 40元
CHIPS

錦華牛雜
小 30元
中 40元
大 50元
錦華牛雜

| MACAO | *Curry Oden*

→ P.184

まさかのマカオのカレーおでん

セナド広場の路地に入るとおでんの屋台街。
でも漂うのはカレーの香り。まさかのストリートフードと遭遇。

材料〈4〜5人分〉

● **おでんの具**

モツ煮（市販）	1袋
大根	1/2本
さつま揚げ（半分に切る）	3枚
がんもどき（半分に切る）	3個
結びしらたき	1袋（200g）
茹で卵	5個

● **だし**

水	2400ml
昆布	20g
削り節	80g
みりん	200ml
濃い口しょう油	100ml

● **ホールスパイス**

スターアニス	2個
クローブ	5粒
シナモン	1本

カレー粉	大さじ1
カレールウ	2片

下準備

・大根は3センチ幅の厚さに切り、半分に切って、半月状にする。

作り方

1 だしをとる。鍋に水と昆布、削り節を入れ、中火にかける。沸騰したら弱火にしてアクを取りながら約10分間煮出し、昆布と削り節を取り除く。昆布は取り出して1センチ幅に切って結び、鍋に戻す。
2 みりんとしょう油、ホールスパイスを加えて混ぜ合わせる。
3 おでんの具を加えて煮立て、弱めの中火にして20分ほど煮て火を止める。粗熱が取れたら再び火にかけ、20分ほど煮てまた火を止める。何度も繰り返すとよい。煮詰まってきたら適宜、湯（分量外）を加える。
4 カレー粉とカレールウを溶かし混ぜる。

第5章 スパイスをめぐる旅

ÔNG TY SIÊU THỊ HÀ NỘI
HUYHOANG
BẢO TOÀN GIÁ TRỊ CUỘC SỐNG
KHÔNG ĐỂ XE
TRƯỚC CỬA

Cá Cơm Khô
Mặn cao cấp
40.000
Mực xé
cay cao cấp
45.000
Ô Mai Gừng
loại cao cấp
20.000
Ô Mai Trần
Bì cao cấp
20.000
Ô Mai Me
loại cao cấp
20.000
Ô Mai Mơ
loại cao cấp
20.000
Gừng Dẻo
loại đặc biệt
15.000
Me Tươi
Sấy cao cấp
17.000
Măng cầu
Me cao cấp
20.000
Me Sấy
chua cay
20.000
Me Sấy
Xí Muội
20.000
Cá Đánh
loại cao cấp
40.000
Mực Rim
Me cao cấp
35.000
Kẹo Dừa
thập cẩm
12.000
Kẹo Dừa
Sầu Riêng cao cấp
12.000
Kẹo Dừa
Lá Dứa cao cấp
12.000
Măng Cầu Dẻo
loại cao cấp
18.000
Con Ram
Sữa cao cấp
30.000
Chuối Sấy
dẻo cao cấp
12.000
Kẹo Chuối
đậu phộng
12.000

—ベトナム—

カレーを凌ぐ風味の疾走
～香り豊かなものすべてがスパイスなのだ～

探しものはなんですか？　カレーを探しに出かけたはずなのに別のものを持ち帰る。僕の旅ではよくあることだ。ベトナム料理を彩る豊かな風味に惹かれ、カレーは彼方に消えた。ホーチミンでフォーを食べたときから予兆はあった。ほんのりピンク色をした薄切り牛肉がトッピングされた麺料理。どんぶりの外側に2種類のハーブ★が用意された。オリエンタルバジルとノコギリコリアンダー。「ご自由に」と言うには気前が良すぎる量。この国でハーブは売るほどあるどころか、あげるほどあるのだろう。

ベンタン市場へ行く。巨大な屋外市場の中は碁盤の目のようにきれいに区画され、ぎっしりと店が並んでいる。狭い通りは人がすれ違うのがやっとという感じで活気がある。観光地化している気配もあって、「コーヒー？」「コーヒー？」と売込みが激しい。僕は少しムキになって「カリー！」「スパイス！」と返す。何軒かでカレー粉を見つけたが、その扱いからカレー料理が本流にないことが想像できてしまって空しい。

★料理にトッピングするハーブの豊富さは、東南アジア随一かも。タイよりもハーブが香る印象がある。

気を取り直して主目的であるカリーガー★★（チキンカレー）の専門店へ。開放感のあるオープンエアな店で、左奥に調理場。カレースープをグラグラと煮ている大鍋がふたつ。カリーガーを頼むと「麺？　パン？」と聞かれ、「麺」と答えたら、パンもついてきた。満席状態の店で忙しく調理が進む様は気持ちいい。カレーは味わいまろやかで、麺は口当たり滑らか。ただ優しすぎる。もっとハーバルで刺激的なくらいがいい。

国内線に乗り、南北に長いベトナムを一気に北上してハノイへ。中部をすっ飛ばしたが、中部フエの宮廷料理や同じく中部ホイアンのブンカリー（カレー麺）も気になっていた。別の街でも体験できるが、お預けにすればまたこの国を旅する理由ができる。現地に住む友人から「カレーはない」★★★と聞いていたからスパイス料理にフォーカス。気になっていた「チャーカー」という魚料理を食べに行く。淡水魚を生ターメリックでマリネして揚げ、どっさりディルを加えて鍋で炒め、麺と絡めてソースを垂らしてたべる。生のスパイスやハーブ以外に発酵調味料、ライム、ナッツ、チリ、川魚の風味が混然一体となって、鼻腔をローラーコースターのごとく駆け抜けていく。食後の余韻に「お楽しみはこれからよ」と誘われた気がして、僕はこの国の再訪を誓った。

★★
カリーガーは鶏肉のこと。ココナッツミルクとカレー粉が主体で、香港やカンボジアのカレーにも要素が共通する。
P193上部写真のカレー

★★★
ホーチミンと比べると確かにハノイではカレー的な料理には出会わなかった。

PHỞ HÒ
Pasteur

Quán Ăn
Cà Ri Gà
1357
Từ 10h30 Trưa - 19h Tối
Hân Hạnh Phục Vụ Quý Khách!

HOAN THIEN

| VIET NAM | *Cha Ca Live Cooking*

チャーカー・ライブ・クッキング

ベトナム・ハノイのレストランで、卓上コンロと小鍋を使って目の前で調理。あの風味が懐かしい。

材料

ナマズの切り身(または川魚) …… 600g

● **ペースト用**

ブラックペッパー …… 小さじ1/2
生ターメリック …… 30g
ガランガル(しょうが) …… 50g
マムトム(エビペースト) …… 大さじ1
レモン汁 …… 1個分

アサツキ(下半分のみ・4センチ幅に切る) …… 180g
ディル(ざく切り) …… 3枝
ブン(ベトナムの米麺) …… 400g

● **ソース用**

ニョクマム …… 大さじ1
ライム汁 …… 1個分
マムトム(エビペースト) …… 大さじ1/2
生レッドチリ(輪切り) …… 2本

● **トッピング用**

ピーナッツ …… 30g
玉ねぎ(スライス) …… 小1/2個
揚げ油

下準備

・ペースト用の材料を石臼で叩き、ペーストにしておく。石臼がない場合、最低限の水(分量外)と共にミキサーでペーストにする。
・魚はひと口大に切り、ペーストを塗り込み、3時間ほどマリネする。
・ブンは茹でておく。
・ソースの材料はボウルでよく混ぜ合わせておく。
・ピーナッツはフライパンでこんがり色づくまでローストする。
・玉ねぎは揚げ油でこんがり揚げ、フライドオニオンにしておく。

作り方

1 オーブンか魚焼きでマリネした魚を焼く。
2 鍋に多めの油(分量外)を熱し、魚を加えて揚げるように炒める。
3 アサツキとディルを加えて炒め合わせる。
4 器に盛り、ブンとソース、トッピングを絡め合わせる。

のけぞるような香り
～クローブとナツメグの贈り物～

―インドネシア―

密室のトビラが開かれ、思いがけない贈り物が届けられた。インドネシア・スラウェシ島でスパイス会社を営むイルワンのバンに乗り、山間を登っていたときのことだ。

「このあたりからクローブの木があるよ。ちょっと降りてみよう」

あの日、あの時、僕はすっかり油断していたのだ。車のドアを開けた直後に全身がクローブの香りに包まれた。感嘆の声が漏れる前に体がのけぞるほどのインパクト。媚薬のような甘く深い香りを夢中で吸い込み、しばらくの間、クローブ浴★を満喫した。

梯子をかけて木に登り、クローブの花やつぼみを摘み、写真を撮る。どの木も10メートル近いところまで伸びているから存在感はあるが、まさか天日干しもしていないクローブが、花のつぼみもまばらになっている程度のクローブが、こんなに香るとは。

イルワンが、足元に落ちている枯葉を両手いっぱいにすくって、少し揉み、それを僕の両手に渡してくれた。鼻を近づけて深呼吸を繰り返す。ふー。思わずため息が出る。

★スパイスとして流通しているクローブは花のつぼみを乾燥させているが、枝、葉、木の全体からもそこはかとなく香りは生まれている。

ごく短い時間で一生分のクローブの香りを摂取したと言っていい。

続いて農家を回った。ナツメグやメース★がどっさり天日干しされている。家の裏手にある斜面を登ると、ナツメグの木がそびえたち、巨大な梅のような実がぶら下がっていてかわいらしい。中央にくっきりとした筋があり、成熟すると亀裂が入る。真っ赤なメースに包まれた焦げ茶色のナツメグが姿をのぞかせるのだ。

インドネシアのナツメグには5種類ほどあり、等級の低いナツメグからの抽出物はコーラの原料としても流通する。なんだか怪しげで妙に愛おしい。いくつかをとって指で丁寧に解体しながら、標本にするかのごとくきれいに並べて撮影する。僕はこの作業を気に入っていて、産地で恒例行事としている。

この国では胡椒など他のスパイスもよく取れるが、地元の料理ではあまり活躍していないのが興味深い。多くのスパイスは海外への輸出商材として栽培されているからなのだろう。原産地を訪れても、常にそれ自体を料理として味わえるとは限らない。スパイスはギフトだ。いったい誰が受け取るの？　どうやって生かせばいいの？　僕たちストレンジャーに委ねられている場合だってある。そう思えば腕が鳴るじゃないか。

★産地でのスパイス浴（造語です！）は気持ちがいい。P197上部写真の右側がナツメグ。周囲を覆っている赤い皮の部分がメース。

| INDONESIA | *Curry Medan* → P.196

カリーメダンの風味よ、甦れ！

インドネシアで習ったお母さんの味。
フレッシュココナッツの実を削り、絞る。嗚呼、あの風味をもう一度。

材料〈8人分〉

パーム油……100ml

● **ペースト用**
- にんにく……1株
- タイのしょうが（ランプクス）……小7～8片
- 小玉ねぎ（にんにく片と同サイズ）……10個
- レモングラス（中心部のみ）……6本
- 生のターメリック……3～4片
- 生の赤唐辛子（チャベメラ）……25本
- チェンドルナッツ……7～8個
- ナツメグ……1個

● **ホールスパイス**
- ホワイトカルダモン（カプラガ）……13粒
- ダウンサラム（半乾燥の葉）……5枚
- こぶみかんの葉……大7～8枚
- カレーリーフ……20枚

● **パウダースパイス**
- レッドチリ（辛み控えめ）……大さじ10近く
- コリアンダー……大さじ3
- クミン……大さじ2
- シナモン……大さじ1～2

ココナッツミルク（2番搾り）……3個分
ジャガイモ（ひと口大に切る）……適量
鶏肉（丸鶏・ぶつ切り）……2羽分
ココナッツミルク（1番搾り）……3個分
塩……適量
砂糖……適量

下準備

・ペーストの材料をミキサーでペーストにする。

作り方

1 鍋に油を熱し、ペーストとホールスパイスを加えて炒める。ジュクジュクとしたペースト状になるまで。それほどきっちりとは炒めない。
2 ココナッツミルクの2番搾りを加えて煮て、ジャガイモを加えてふたをして煮る。
3 チキンを加えてふたをして火が通るまで煮る。
4 ココナッツミルクの1番絞りを加えて混ぜ合わせ、塩と砂糖で味を調整する。

―マレーシア―

かの地に漂うお香の正体
～その風味は海を渡り、受け継がれる～

苔のようなものをスパイスとして使うインドの料理がある。真相に迫るべくインドへ。ではなく、マレーシアへ向かった。この地にも痕跡があると聞いていたからだ。スパイスの名は、カルパシ。「石の花」とも呼ばれる地衣類で、松の木の幹に張りつくように生える。香りはウッディかつアーシー、それでいてスモーキー。どことなくトリュフのよう。かつて南インド・チェティナード地方から海を渡った人々の料理に使われる。

クアラルンプールのインド人街★へ行くと、立ち並ぶレストランの看板に「Chettinad」の文字。この店も、向かいのあの店も、その隣りも……。おいおいおいおい。僕は興奮した。なぜ、あのインド料理がこのマレーシアに!? どの店に入ってもショーケースに料理がずらり。脇に小さくてカラフルなプラスチック製の平皿が積み上げられていて、食べたい料理を選んで席へ運ぶシステムだ。あっという間にテーブルの上は小皿で溢れかえった。いくつかを口に運ぶと、どれも濃厚なうま味を感じる。口の中に広

★マレーシアは歴史的にチェティナード料理が多いイメージがある。いつか世界中のインド人街をめぐりたい。

がるお香のような印象的な香りは、もしや噂のスパイスが生み出しているのか。
チェティナード料理の特徴は、南インドと東南アジアの食文化がハイブリッドした点にある。異なる食文化が融合してスター性を帯びる例は、いくつかある。中東方面から侵略したムスリムが影響を与えたバターチキンやコルマなどのムグライ料理。ポルトガル料理の影響を色濃く残すゴア州のポークビンダルー。イギリスに渡って改良を重ねられたチキンティッカマサラ。食が海や陸を越えて混ざり合い、どこかの地で僕の前にふっと現れる。ここにいながらにして異境を旅できるような感覚は不思議だ。

新たに入った店で店員と話していると、チェティナードマサラなるものを使っていると言う。そこに大きなヒントがありそうだから、ミックスしているスパイスを紙に書き出してもらうことにした。「クミン、フェンネル、スターアニス、カルパシ、マラティムク★★、ナツメグ、メース、シナモン、グリーンカルダモン」。お、やはりカルパシが入っている。別の店で聞くと、カルパシのほかにフェンネルとスターアニスも重複している。これらがある比率で配合され、加熱調理されることでお香が生まれるのだろう。

★★カルパシはスーパーでも手に入るが、マラティムクはマニアックで薬剤師の店で見つけた。

調理場を見せてもらうと、カルパシはすぐに見つかった。チェティナード料理の特徴をシェフたちに尋ねると、みんなが口をそろえて「スパイシーだ」と言う。これには2つの意味「辛い（ホット）」と「香り高い（アロマティック）」が含まれている。確かにスパイスの使用量は他エリアのインド料理に比べても多い印象がある。

チェティナード地方には、かつてチェティアールと呼ばれる商人たちがたくさんいた。彼らは外貨を稼ぐために★海を渡って外国へ出た。主に18世紀の終わりから19世紀の半ばにかけてマレーシア、スリランカ、ミャンマー、香港などへ渡ったという。商魂たくましく財を成し、金に糸目を付けず食材やスパイスにつぎ込んだ。彼らが衰退した今もなお、メニューの数々は、インド本国を含めて親しまれ続けている。店を出てつかまえたタクシードライバーはインド人だった。

「もしかして、あなたのルーツはチェティナード？」

「いや、俺は違うよ。ただ、まあ、オールミックスだからね」

そう、人も食文化も混ざり合う。栄枯盛衰を経て受け継がれ、ふいに僕みたいなよそ者の前に姿を現すのだ。あのお香のような香りと共に。

★イギリス政府による全インド統治が始まった時期だから、イギリス人と共に海を渡ったケースも多いようだ。

MALAYSIA | *Chicken Chetthinad*

どこもかしこもチェティナードチキン

マレーシア・クアラルンプールに、
南インドからの移民の流れを汲む料理店が軒を連ねるエリアがあった。

材料

太白ごま油……75ml
玉ねぎ(みじん切り)……小1個

● **パウダースパイス**
ターメリック……小さじ1/2弱
レッドチリ……小さじ2
コリアンダー……小さじ2

塩……小さじ1と1/2
にんにく(すりおろし)……3片
しょうが(すりおろし)……3片
ホールトマト……50g
ココナッツミルク……50g
湯……150ml
骨付き鶏もも肉(ぶつ切り)……600g

● **チェティナードマサラ**
グリーンカルダモン……2個
シナモン……1/4片
スターアニス……小1/2個
フェンネルシード……小さじ1
クミンシード……小さじ1/4
コリアンダーシード……小さじ1
ブラックペッパー……小さじ1
レッドチリ……2本
カルパシ……2つまみ
カレーリーフ……20枚
水……100ml

下準備

・チェティナードマサラを作る。フライパンにマサラ用のすべてのスパイスを加えてこんがりするまで煎る。火を止めて粗熱を取り、ミルで挽いて水を加えて混ぜ合わせておく。

作り方

1 鍋に太白ごま油を熱し、玉ねぎを加えてキツネ色になるまで炒める。
2 パウダースパイスと塩、にんにく、しょうがを加えてきっちり炒める。
3 ホールトマト、ココナッツミルク、湯を加えて煮立て、骨付き鶏もも肉を加えて混ぜ合わせる。
4 ふたをして中火で20分ほど煮込む。焦げつかないよう、ときどきかき混ぜながら。
5 ふたを開けてマサラを加え、強火で水分を飛ばしながら炒める。

මස් කරි
මිශ්‍රණය
මිල. 50/

シナモン名人の寡黙なレッスン
～素材と料理のコントラスト～
—スリランカ—

セイロンシナモンには甘い香りと味わいが宿っている。苦いだけだと思っていたシナモンに、なぜ？　僕は、〝インド洋の真珠〟と呼ばれるセイロン島へ向かった。

セイロンシナモンは高級で質のよい香りに定評がある。他国では木の皮を乱暴に剥いだ分厚いシナモンが多い中、スリランカでは丁寧に薄皮をめくって★クルクルと何層にも丸め、スティック状に成形されている。料理では主役級の活躍。カレーリーフやパンダンリーフと並んで頻出するし、ローストした万能のカレー粉★★作りにも欠かせない。

首都コロンボでの滞在はそこそこに、車で3時間ほど揺られ、南部のマータラという海沿いの街へ向かった。セイロンシナモンの産地であるだけでなく、ここにはシナモン名人がいて、誰よりも上手にシナモンの木の皮を剥くことができるそうだ。

現地に住むジャヤさんと合流し、早速、名人のお宅へ。狭い砂利道をしばらく歩くと、のどかな田園風景が広がるエリアに家があった。ところが、名人は不在。奥さんに話を

★
シナモンの枝は表皮を削った外側の薄皮に最も強い香りを含んでいる。そこだけを切り取れるのは名人ならでは。

★★
スリランカには特有のローステッドカレーパウダーがあり、独特のスモーキーな香りを持つ。

聞くと、明日の早朝にやるんじゃないか、とのこと。出直そうと来た道を歩いていると、頼りなさそうなお年寄りとすれ違った。どうやら彼が噂のシナモン名人らしい。本当に？　彼が⁉　僕は肩透かしに合ったような気分になった。

翌朝★★★、眠い目をこすりながら約束の場所へ向かうと、彼の姿が眼前に広がる田園風景の中に小さく見えた。シナモンの枝をひと晩、田んぼの水に浸し、湿らせておくのだという。大量の枝をかついで戻ってくる名人は、二宮金次郎のようだった。

井戸の水で枝を洗い薄暗い作業部屋へ持ち込むと、窓に背を向けて地面にトンと座る。とたん、彼の背中から後光がさしたように見えた。ナイフを手に外側の皮を削り始める。茶色いきれいな木肌があらわになると、別のナイフに持ち替えて皮をむき始める。上から下へスーッと滑らせ、切込みの入ったところからメリメリと剥いでいく。

数ミリ単位でシナモンの皮を剥くのは至難の業だというが、名人の手にかかると早回しの映像を見ているように面白いほどめくれていく。節から節にかけて50センチほどの長さで、枝1周分のシナモンが、地面にハラリと落ちた。その後、太陽と空気の仕業によって乾燥し始め、ゆっくりゆっくりと時間をかけて丸くなる★★★★。

★★★
陽が昇る前、暑くなる前の時間帯に作業をするため、早朝に行う。

★★★★
国の機関がセイロンシナモンのグレードと金額を定めていて、品質管理を行っている。

シンと静まり返った気配の中で仕事は淡々と繰り返される。神聖な儀式のようで、息をのんだまま見守った。1ミリほどの薄さに剥かれたシナモンの皮を僕は手に取って鼻に近づける。少し青っぽい若木の香りの向こうから甘い香りがすっと入り込んできた。こんなに新鮮なシナモンの香りを、僕はかいだことがない。手にした破片を口に入れると、その昔体験したことのある、甘い味わいと再会することができた。

外に出ると、名人のお孫さんが道端で遊んでいるのが見える。5歳か6歳くらいだろうか。脇に生えている低木の葉を無造作にむしり取りながら歩いている。ジャヤさんが「あれはシナモンの木なんだ」と教えてくれた。少年に目を戻すと、彼はさっきの葉をパクリと口に入れ、軸の付け根をチューチューと吸ってからポイと捨てた。彼はあの場所が甘い味がする★ことを知っている。英才教育はすでに始まっているのだ。

手間をかけて整えたシナモンで家庭料理をごちそうになった。材料をすべて土鍋に放り込み、グツグツするだけ。慎重に整えた素材でラフに調理する。そのコントラストにスリランカ食文化の贅沢さを垣間見た。以来、シナモンを使うときには、常に頭の片隅に名人の面影がある。それは間接的な修行なんだと解釈することにしている。

★稀にピリピリとした辛味を持っている場合もある。

| SRI LANKA | ***Chicken Curry***

薪火、土鍋、放置、鶏肉のカレー

スリランカ南部で家庭料理を習った。
鮮度のいい食材やスパイスは煮るだけでおいしくなることを知った。

材料

植物油	大さじ1
● **ホールスパイス**	
にんにく(みじん切り)	1片
しょうが(みじん切り)	1片
カレーリーフ	20枚
パンダンリーフ(半分に切る)	約10センチ
玉ねぎ(薄切り)	1/4個
骨付き鶏もも肉(ぶつ切り)	600g
● **パウダースパイス**	
ローステッドカレーパウダー	大さじ2
レッドチリ	小さじ1
ターメリック	小さじ1
ブラックペッパー	小さじ1/2
フェヌグリークシード	小さじ1/2
塩	小さじ1強
セイロンシナモン(細かく砕く)	3センチ
ゴラカ	1個
水	400ml
ココナッツミルク	50ml

下準備

・骨付き鶏もも肉の皮を剥ぎ、好みのサイズにカットする。
・ボウルを用意して、ココナッツミルクパウダーをお湯30mlで以下あり溶いてココナツミルクを作っておく。

作り方

1 鍋に植物油を熱し、ホールスパイスを加えて炒める。
2 水とココナッツミルク以外のすべての材料を加えてよく混ぜ合わせる。
3 水を注いで強火で煮立て、弱火にしてふたをして30 分ほど煮込む。
4 ふたをあけてココナッツミルクを加え、適度がとろみがつくまで中火で煮る。必要なら塩で味を調整する。

blanc
et eucalyptus

スパイスの物語

―フランス・ブルターニュ―

会いたい人に会いに行く旅もある。「忘れられた宝」という名のスパイスと出会った。大航海時代に沈んだ船に眠るスパイスをイメージしたという。調合したのは「スパイスの魔術師」と呼ばれるオリビエ・ロランジェ氏。ずっと前からその存在は知っていたが、直接お会いしてお話したいという願いを叶えた。知識や経験、技術だけではない何かを携えてスパイスと向き合いたい。そのヒントを手にできるかもしれない。

ブルターニュを訪れ、彼が生まれ育った自宅を改装したアトリエで、3時間ほど話した。机に並んだスパイスたちと対面。地元の海藻やマダガスカルの雑草を嗅ぎ、希少なバニラに興奮した。机上のメモには次に配合するスパイスのコンセプトが記されていた。

海辺へ僕を連れ出したロランジェさんが、水平線を眺めながら語ってくれた話がある。

「ここは私の人生の舞台★なんです。スパイスは音符でありクレヨンであり、絵具です。あなた自身の物語をスパイスで表現することもできるのです」

自分の中に眠る宝箱の鍵が開いたかもしれない。風が心地よく頬を撫でていた。

★自身の生い立ちを大事にするオリビエ氏の考え方が集約された言葉。彼のブレンドにブルターニュの海でとれる海藻が入るのも頷ける。

| FRANCE | *Spice Mix*

感動と閃きのスパイスミックス

フランス・ブルターニュにてスパイスの魔術師から
インスピレーションを得て独自の配合を完成させた。

材料

● **ラム肉用ミックス**

シナモン	2.5g
プルビベール	5g
ケキッキ	3.5g
クミンシード	9g
ガーリック	2.5g
スマック	2g

● **タコ用ミックス**

シナモン	1.5g
ブラックペッパー	5.5g
カスリメティ	4.5g
フェンネルシード	6.5g
ジンジャー	2.5g
かつお節	1.5g

作り方

1 それぞれのミックスはフライパンで軽く焙煎して粗熱を取り、ミルで粉状に挽く。
2 ラムチョップを焼いて塩をふり、ラム肉用ミックスをふりかける。
3 タコの天ぷらを作って塩をふり、タコ用ミックスをふりかける。

備考

プルビベールは焙煎唐辛子で、ケキッキはタイムで、スマックは乾燥梅果肉で、カスリメティ(フェヌグリークリーフ)はドライミントで代用可能。

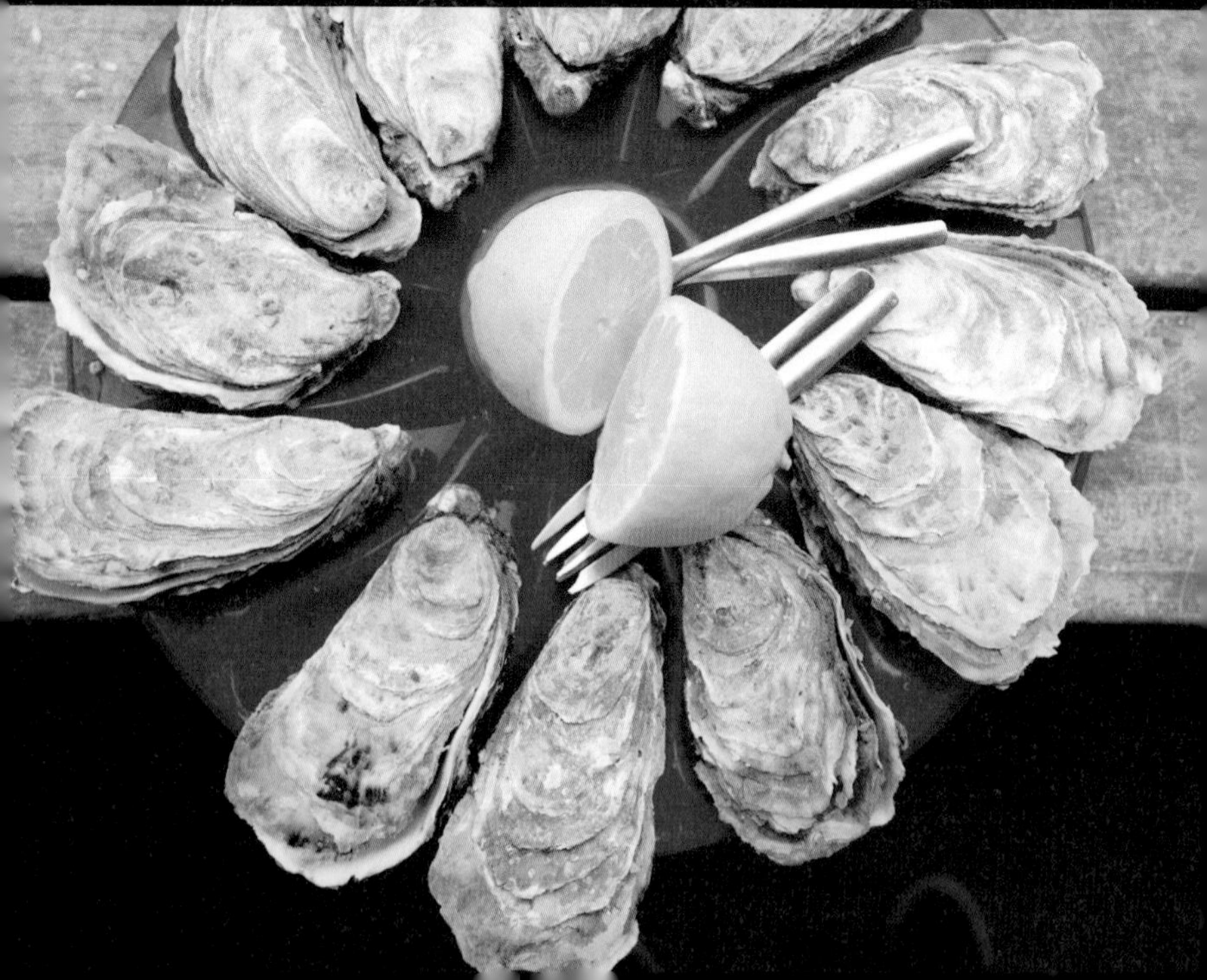

あとがき

カレー専門の出張料理人。僕が25年ほど続けている本業である。評論家でも学者でも研究者でもない僕が旅をする理由は、極めて身勝手なものだ。自分で食べて感じ、調理しているところを見て考えたい。作り手の視点から、調理の構成や技術、新しい料理への応用方法などを見出したい。それらは他の誰かに任せる訳にはいかない。僕自身が現地を訪れて判断しなければ手にできないのだ。

だから2024年も忙しい。1月は台湾、2月はタイ、3月はカンボジアへ行く。6月はフランス・ディジョン、秋にはタンザニアへ行くつもりだ。本書の各テーマにも続きを夢想している。インド料理をめぐるなら、ガイアナ共和国をはじめ、カリブ海周辺が気になる。世界中のインド人街もくまなく訪れてみたい。時間が足りない。

唐辛子をめぐるなら、次はイタリア南部のカラブリア州。肉料理をめぐるなら、アルゼンチンのアサードを体験したいし、カレーをめぐるなら、南アフリカ共和国に気になる料理がある。スパイスをめぐるなら、アラビア海から東アフリカにかけてのスパイス産地一帯をゆっくりじっくり回りたい。そんなふうに旅はいつまでも続く。

知りたいことはネットで調べれば手に入る時代になった。ただネットでは香りも味も温度も受け取れないから、こと料理については実体験を超える手段はなさそうだ。だから僕はまた旅に出る。誰かにもらう正解よりも自分でつかむ不正解を大切にしながら、迷惑を承知でこれからも周囲を巻き込んでいこうと思う。

カレー専門の旅人。あれ、いつの間にか本業がまたひとつ増えたなぁ。

2023年初冬

水野仁輔

水野仁輔 *Jinsuke Mizuno*

1974年静岡県浜松市生まれ。1999年、カレーに特化した出張料理集団「東京カリ～番長」を立ち上げて以降、全国各地を訪れてライブ クッキングを実施している。毎月届くレシピ付きスパイスセットを販売する「AIR SPICE」代表。著書は70冊以上（2024年時点）。ジンケ・ブレッソン名義で記録写真家としての活動も行なっている。

スパイスハンターの世界カレー紀行

2024年2月15日　第1刷発行

著者	**水野 仁輔**
写真	ジンケ・ブレッソン
デザイン	宮崎絵美子（製作所）
DTP	株式会社のほん
編集	松本貴子（産業編集センター）
発行	株式会社産業編集センター 〒112-0011 東京都文京区千石4丁目39番17号 TEL 03-5395-6133 FAX 03-5395-5320
印刷・製本	萩原印刷株式会社

ISBN978-4-86311-397-8 C0077